JN196000

子どもの権利と法律手帳

あなたが学校でしあわせに生きるために

弁護士　平尾　潔

子どもの未来社

しあわせに生きる権利って？

　あなたは、いま、安心して毎日を過ごせていますか。あなたはいまのあなたのままでいいんだ、と思えますか。ともだちにイヤなことをされていませんか。先生は好きですか。朝、空を見たときに、楽しい気もちになれますか。

　もし、これらの問いに、すべて「イエス」と答えることができるのなら、あなたはしあわせなのだろうと思います。そして、本当は、それが「あたりまえ」のはずなのです。

　人はだれでも、しあわせに生きることを認められています。人生にはいろいろな時がありますから、イヤなこと、つらいことがまったくないわけではないでしょう。それでも、基本的には「私はしあわせだ」と思って生きていくことがすべての人に認められています。それが、「人権」です。あなたには、しあわせに生きる権利があるのです。

　でも、世の中には、あなたがしあわせになることをじゃまするものがあります。学校でも、あなたのしあわせを踏みにじろうとするものがあります。それに対して、どうしていけばよいのか、学校の教科書には書かれていません。

この本は、あなたがしあわせに生きていくために書かれました。残念なことに、学校生活で、あなたのしあわせをじゃまするものが世の中にはたくさんあります。あなたがそれに出会ってしまっても、この本を読めば大丈夫なように、というつもりで書かれた本です。

　この本では、さいしょに、あなたに認められている人権について見ていきます。そして、学校で、あなたの人権（あなたがあなたらしくしあわせに生きる権利）を踏みにじろうとする問題について、テーマごとに、どう対処するべきなのか、を中心に書いてあります。
　それぞれの項目は原則としてQ＆A方式で書いてあり、Qのあとには「ポイント」を短くまとめました。また、その項目の最後には、「権利と法律」という欄があり、その項目で触れた権利や法律をまとめ、整理しやすくしました。
　あなたのしあわせに寄り添えるように、この本を使ってもらえたらとてもうれしく思います。

　この本は、あなたが困ったときに、そのテーマについて書かれた部分だけ読んでもらってよいように書かれています。もちろん、ぜんぶ読んでくれるとうれしいですが、この本を必要としないこと、つまりあなたが毎日の学校生活をしあわせに生きていることがもっとうれしいです。

あなたにはしあわせに生きる権利があります。

- **あなたには、自分のこころと体が安心して成長していくために、子どもにとってもっともよい方法を、おとなに求める権利があります。**

何がもっともよいことなのかは、子ども一人ひとり、それぞれちがいます。そのなかでどんな方法を選ぶのがよいかについて、子どもの意見を確認することは、とてもたいせつなことです。このことは、場合によっては「絶対に必要」と言っても、言い過ぎではありません。

- **子どもだからこそ、認められている権利があります。**

あなたは、日々、成長しています。あなたがしあわせに生きていくために、あなたにとっていちばんいいものを求めていいのです。そのために、自分の意見を述べる権利も認められています。

あなたの人生は、あなた自身のものです。

I

しあわせに
生きる権利
けん り

Q1 学校でも家でも、やらなければいけないことがたくさんあって、それができても、もっと高い目標を与えられます。少しつかれてしまいました。こんな私は、ダメな人間なのでしょうか。

\ POINT /

自分は「ありのままでいい」と気づく

A1 あなたがつかれている気もちはとてもよくわかります。つかれているけど休めない、と思っている人はたくさんいます。どうしてそう感じるのか、ちょっと考えてみましょう。

「終わりのないマラソン」を走っている

ある学校でマラソン大会があり、参加する子ども全員に「目標タイム」が与えられました。前回のマラソン大会の自分の記録よりも少しでも早いタイムでゴールすることが目標です。

学校の先生からすれば、努力をすることで子どもたちが、みんな少しでも成長することがたいせつだ、という考えなのでしょう。ただ、本来ならばスポーツというものは自分が楽しむためにやるものです。それを、学校が一方的に、また、全員に対して、「自分を鍛え、向上させるもの」といって押しつけていることに問題があります。

学校にはいろいろなルールがあります。**校則**もそうです。なかには、下着の色まで決められていたり、体操服の下に肌着を着てはいけない、という校則もあります。髪型や髪の色に関す

る校則も多くあります。

　校則になっていなくても、「○○学校の生徒らしい服装をこころがけること」「中学生らしい髪型」などを求められることも少なくありません。クラスで、「給食は残さず食べること」というのもルールです。

　こういったルールも、「子どもをきちんと育てるのが学校の役目だ」という使命感からきているのでしょう。学校は規律を守りたいのかもしれません。

　しかし、社会に出るとき、就職で求められるのは「**個性のアピール**」です。あなたがどんな個性をもっているのか、会社は知りたいのです。学校の校則は、あなたの個性を認めるよりは、みんなといっしょであることを求めています。これを何年も続けなければいけないというのは、ずいぶんきゅうくつな話ですね。

　学校の先生は、あなたが憎くてこういったことを求めているのではないのでしょう。あなたのためを思い、立派なおとなになるために必要だと思って、求めているのです。

　ただ、これが、あなた自身が決めた目標やルールではない場合、あなたは自分ががんばると決めたわけでもないのにがんばり続けなければなりません。たとえて言えば、人生というマラソンを始めたら、途中で休みたくなっても、後ろからブルドーザーのようなもので追いかけられ、**いつになっても何かの目標を追いかけなければならない**、そんな毎日をみなさんは過ごしていませんか。

　だとしたらこう思うはずです。「**いまのままの、ありのままの自分ではダメなの？　立ち止まってはだめなの？**」と。

自己肯定感の低い日本の高校生

　自己肯定感、という言葉は、少しむずかしいかもしれません。かんたんにいえば、自分のことをたいせつな人だと思えることをいいます。

　この、自己肯定感について、気になる調査結果があります。日本の高校生を対象にした2015年の調査（第38回教育再生実行会議〈2016年10月28日〉の参考資料2）で、「自分をダメな人間だと思うことがある」と回答したのは、「とてもそう思う」「まあそう思う」の合計が72.5%に達しました。同じ調査で、米国は45.1%、中国46.4%、韓国35.2%と、日本だけがとびぬけて高い数値を出しています。

　あなたは、**ありのままのあなたでいい、いまのままのあなたでいい**、そういう言葉をかけてもらえず、いつも何かをがんばらなければいけない。そして、その目標に届かないときも、もちろんたくさんある。あるいは、目標を達成したら、さらに高い目標を与えられる。そういったなかで、自分はありのままでいいんだという自信をもつことはむずかしいことです。

　ですから、あなたが**ありのままでいいんだ**と気づくことから、しあわせへの道は始まります。

―― **権利と法律メモ** ――

子どもの権利条約 31条（休む権利、遊ぶ権利）

日本国憲法 13条（幸福追求権）

Q2 「あなたには権利がある、人権がある」と習いました。でも、いまひとつピンときません。私のもっている人権とはどんなもので、どういう場面で使うものなのでしょうか。

> 人権とはあなたがあなたらしく生きていく資格があるということ

A2 あなたがもっている人権は、いろいろなところに書かれていて、それがお互いにつながっています。ひとつずつ見ていきましょう。

あなたには、あなたらしく、自分が思ったように生きる権利があります。これを「人権」と言います。何かをやりとげた人だけがしあわせになる資格がある、というのが人権ではありません。ありのまま、あなたらしく生きていく資格がある、それが人権です。

日本国憲法に書いてある

日本国憲法というのは、国の「最高法規」です。わかりやすく言うと、ほかのすべての法律の作り方も、この憲法で決められています。憲法に違反する法律は、「憲法違反」となり、その効力を失います。憲法には、次のようなことが書かれています。

> *幸福追求権（憲法13条）／すべての国民は、だれでもかけが
> えのない個人としてたいせつにされます。いのち、自由、そ
> して自分がしあわせに生きようとすることは、ほかの人や社
> 会に迷惑をかけないかぎり、最大限にたいせつにされます。
>
> *基本的人権の本質（憲法11条）／人がその人らしくしあわせ
> に生きるための基本的なすべての権利は、だれもこれを傷つ
> けることのできない永久の権利です。

　人権については、このようにはっきりと、国民すべての人が
もっている、たいせつな権利だと書かれています。もちろん、
子どもも人権をもっています。

子どもだからこその権利がある

　むかしは、人権をもっているのはおとな（しかも、男性）だ
けだと考えられていた時代がありました。子どもには権利はな
いと考えられていた時代があったのです。しかし、少しずつ子
どもに対する考えが深まり、「子どもだからこそたいせつにさ
れなければならない」との考えのもと、子どもの権利をまとめ、
条約（国と国とのお互いの約束）にした「**児童の権利に関する
条約**（子どもの権利条約、ともいいます。この本では、「**子ど
もの権利条約**」と呼びます）」が、1989年に国際連合で採択
され、日本も1994年に批准（国として守ると約束すること）
しました。「子どもの権利条約」は、世界の196の国、地域が
批准していて、世界で最も広く受け入れられている人権条約で
す。
　この条約にはたくさんの子どもの権利が書かれていますが、
ここでは特にたいせつな4つの基本原則を書き出します。

【4つの基本原則】

＊2条　差別の禁止／すべての子どもは、子どもや親の人種、男か女かそれ以外か、どんな考えをもっているか、障がいをもっているか、お金もちかどうかなど、どんな理由でも差別されず、条約の定めるすべての権利をもっています。このようなことで差別されることはあってはなりません。

＊3条　子どもにとってもっともよいことを実現する（子どもの最善の利益の実現）／子どものことを決めるときは、「その子どもにとってもっともよいこと」を第一に考えます。おとなの都合で、子どものことを勝手に決めるのではなく、おとなたちは、子どもにとって何がもっともよいことか、を考えなければいけません。

＊6条　命を守られ成長する権利（成長発達権）／子どもは、からだもこころもこれからおとなになっていくものです。この、こころとからだの成長をおとなたちは守っていかなければなりません。ただご飯を食べて、大きくなればいいということではありません。「こころの成長」が守られるというのは、虐待されない、いじめられない、学校の先生から暴力や暴言を受けない、教育をちゃんと受けられる、など、こころが安心して成長するように守られる権利も当然に含まれます。

＊12条　意見を表明し参加できること（意見表明権）／子どもは、自分に関係することに自由に意見を述べることができます。おとなたちは、その意見を子どもの発達に応じてたいせつにしなければなりません。子ども自身の意見は、子どもにとってもっともよい方法（最善の利益 3条）を決めるときに、とてもたいせつになります。

子どもの権利条約はあまり知られていなかった

このように、子どもの権利条約は子どもにとってたいせつな権利をたくさん定めているにもかかわらず、ざんねんなことに、日本ではなかなか知られていません。

日本では、そもそも子どもに権利を認めるとわがままになる、おとなの言うことを聞かなくなる、などの考えが古くからありました。そういうこともあって、「子どもの権利」という考え方がなかなか広まらなかったのです。

子どもの権利を認めようとしない人は、「子どもはおとなが責任をもって育てるのだから、子どもはおとなの言うとおりにしていればいい」という考え方をもっていることが多いようです。「子どものくせに」「なまいきなことを言うな」「こうするのがお前のためだ」という言葉を聞いたことはありませんか。

でも、おとなが子どもの意見を何も聞かずに、「体を鍛えるために水泳を習いなさい（本当はサッカーが好きなのに）」とか、「この中学校はいい学校だから、ここを受験しなさい（ともだちといっしょに地元の学校に行きたいのに）」など、すべてをおとなが決めていいというのは、おかしいと思いませんか。

こども基本法が成立した

2022年に、「**こども基本法**」が成立し、2023年4月1日から施行されました。この「こども基本法」は、これまで日本で広がらなかった「子どもの権利条約」を、本当の意味で広めるきっかけになると期待されています。というのも、「こども基本法」には「基本理念」として、子どもの権利条約の4つの基本原則がすべて盛り込まれているからです。

これによって、子どもの権利条約が目指している、子どもが権利をもっていることをたいせつにしていく社会が実現しようとしています。2023年12月には、こども基本法に基づき、国が「こども大綱」を作りました。この大綱では、「こどもまんなか社会」、つまり、子どもが権利をもっていることをすべてのおとながたいせつにする社会を作ることを宣言しています。

生徒指導提要が改訂された

2022年12月に、生徒指導提要が改訂されました。あまり聞いたことがないかもしれませんが、生徒指導提要は、小学生から高校生までの生徒指導についてまとめられた、学校の先生向けのルールです。

ここに、子どもの権利条約の4つの基本原則、こども基本法の基本理念について、学校の先生が理解することと定められました。

子どもの権利を本当に意味のあるものにするためには、子どもに接する立場にあるおとなたち、とりわけ、子どもたちと長い時間接する学校の先生が、子どもの権利についてよく理解していなければなりません。これまでは、学校の先生は、子どもの権利についてあまり知りませんでした。ある調査によると、子どもの権利について、「内容までよく知っている」先生は21.6%にとどまり、「まったく知らない」「名前だけ知っている」先生が、あわせて30.0%にのぼりました（学校生活と子どもの権利に関する教員向けアンケート／セーブ・ザ・チルドレンジャパン／2022年4月19日）。

学校の先生も、子どもの権利について、よく理解しなければならないことがはっきり書かれたのです。

子どもの権利をたいせつにする社会がやってくる

　このように、ここ1〜2年の間に、子どもの権利について大きな変化がありました。これからは、学校でも家庭でも、子どもの権利をたいせつにすることが求められます。みなさんも、子どもの権利を知って、子どもの権利について、堂々と主張してください。

権利と法律メモ

日本国憲法　13条（幸福追求権）、11条（基本的人権の本質）

子どもの権利条約　2条（差別の禁止）、3条（子どもの最善の利益の実現）、6条（成長発達権）、12条（意見表明権）

こども基本法　3条（基本理念）

生徒指導提要の改訂

少年野球と子どもの権利

　私は少年野球の指導者をしています。少年野球では、子どもの権利を考えた指導をしているチームと、そうではないチームがあります。子どもの権利をたいせつにするとはどういうことなのか、わかりやすいので比べてみましょう。

子どもの権利を考えないチーム

- 子どもの意見を聴かずに目標を決める
- 自分のやり方で教える。言うことを聞かない選手は厳しくしかる
- 勝つために必要な選手を使う。上手ではない子は試合になかなか出られない

子どもの権利をたいせつにするチーム

- どんなチームにしたいのか、子どもたちの意見を聴きながら決めていく
- 練習の内容に納得いかない選手がいたら、その練習の意味をていねいに説明する
- どの選手もたいせつにする。いまは上手でない選手にもていねいに教えるし、試合経験も積ませる
- どうすれば子どもがしあわせになるかを考え、子どもの意見を聴きながらすすめる

みなさんなら、どんなチームがいいですか？

Ⅱ

いじめ

Q1

　小学生です。今日はクラスメイトのＡさんと、学校が終わったら遊ぶ約束をしました。だけど、Ａさんと遊ぶよりもほかのともだちと遊ぶほうが楽しそうなので、Ａさんにだまってほかの子と遊びました。次の日、Ａさんはすごく怒っていて、「いじめられた」と言ってきました。これはいじめでしょうか。

\ POINT /

いじめはエスカレートしやすいので、小さな芽を見のがさないことがたいせつ

A1

　さて、くわしい話に入る前に、直感的にみなさんはどう思いますか。これはいじめでしょうか。質問者は、Ａさんに対して意地悪な気もちをもっていたわけではありませんね。ほかのともだちと遊んだほうが楽しそう、と思ったにすぎません。これがいじめなの？と、ちょっと迷う、という人もいるかもしれません。その「はてなマーク」を頭に入れて、読んでみてください。

いじめってなに？（いじめの定義）

　「いじめってなに？」という質問の答えは、法律できまっています。2013年に施行された「いじめ防止対策推進法」2条1項に、「この法律において『いじめ』とは、児童等に対して、当該児童等が在籍する学校に在籍している等一定の人的関係にある他の児童等が行う心理的又は物理的な影響を与える行為（インターネットを通じて行われるものを含む）であって、当

該行為の対象となった児童等が心身の苦痛を感じているものをいう。」と定められています。

法律の文章はちょっとわかりにくいですね。簡単に言えば、**関係のある人同士で、やった人がいじめようと思っていなくても、やられた人がこころや体に苦痛を感じたらいじめ**、ということになります。ちなみに、法律でいじめとはなにかが定められたのは、これが初めてです。

いじめた人、いじめられた人はだれか

だれがやったらいじめになるのでしょう？ 学校の先生にイヤなことをされたら、それもいじめに当てはまるのでしょうか。

いじめの定義の主語は「一定の人的関係にある他の児童等」となっていますので、まったく関係のない人（たとえば、たまたま道ですれちがった知らない人や、他の学校に通っている知らない人）から悪口を言われたり、暴力をふるわれたりという場合はいじめではありません。

また、「児童等」というのは学校教育法第1条に規定する学校のうち、小学校、中学校、高等学校、中等教育学校及び特別支援学校（幼稚部を除く）に在籍する児童又は生徒を指します（同条2項、3項）。ですから、この法律では、幼稚園児、大学生、先生や保護者などのおとなからイヤなことをされた場合は、いじめではありません。もちろん、法律の定義に当てはまらないからといって、幼稚園や大学、会社などでいじめのような行為がないということではありません。そこまではこの法律はカバーしていないということです。

さて、質問にもどりましょう。あなたは、Aさんとクラスメー

トですから、「一定の人的関係」にあります。また、どちらも小学生なので、どちらも「児童等」にも当てはまります。質問の事例は、いじめた人、いじめられた人については要件を満たしていますね。

どんなことをしたのか

　どんなことをするといじめにあたるか、という「行為」は「心理的又は物理的な影響を与える行為」と法律に書かれています。

　「心理的な影響を与える行為」というのは、たとえば相手の悪口を言う、仲間はずれにする、という行為などで相手のこころに痛みや苦しみを与えることがこれにあたります。

　「物理的な影響を与える行為」というのは、暴力をふるう、ケガをさせる、などのほか、金品をたかられたり、モノを隠されたり、イヤなことを無理やりやらされたりすることなども含みます（「いじめ防止等の基本的な方針」5頁）。

　ここで注意しなければならないのは、「影響を与える行為」であって、「攻撃する行為」とはなっていないことです。相手を傷つけてやろう、イヤな気もちにさせてやろう、という「攻撃」するつもりがなくても、いじめになることがある、ということです。

　たとえば、「髪型ちょっと変だね」「そのメガネ変わってるね」などの言葉を、からかうつもりでもなんでもなく言った場合でも、言われた相手が傷ついたらいじめにあたることがあります。ちょっとみなさんのイメージとはちがうかもしれません。

　質問では、あなたはＡさんにいじわるしようとは思っていませんが、Ａさんと遊ぶ約束をやぶりました。これは、後で見る

ように、結果的にＡさんにとってはこころが傷ついた行為です
ので、「心理的な影響を与える行為」といえます。行為の面でも、
質問の事例は要件を満たしていることになります。

相手がどう感じたか

　いじめにあたるには、「対象となった児童等が心身の苦痛を
感じて」いることが必要になります。「心身」の苦痛ですから、
こころが傷ついた、という場合だけではなく、「身」つまり、
体に傷がつく場合も含みます。ケガなどの場合だけでなく、お
金を取られる、物がなくなる、やりたくないことを無理やりや
らされる、といったこともこれに含まれます。

　また、これらの結果が、「心理的又は物理的な影響を与える
行為」によって発生することが必要です（因果関係）。

　ともだちにイヤなことをされても、それで傷ついていない場
合はいじめにはあたらないこととなりますし、こころが傷つい
ても、それがテレビの残酷な場面を見て傷ついた、といった場
合はいじめにはなりません。

　質問では、Ａさんは、あなたが約束をやぶったことに「すご
く怒って」います。これは、心身、特に、「こころ」の苦痛を
感じていることになります。

　以上からすると、あなたのＡさんに対する行為は、いじめに
あたります。

　簡単に言うと、「人間関係のある人の間で、いじめられた人が、
こころや体が傷ついたと感じたらいじめ」になります。

いじめの定義のうつりかわり

　いじめの定義（いじめとは何か）は、さいしょはせまく、だんだん広くなってきました。（下線筆者）

＊1986年からの定義
　「自分より弱い者に対して一方的に、②身体的・心理的な攻撃を継続的に加え、③相手が深刻な苦痛を感じているものであって、学校としてその事実（関係児童生徒、いじめの内容等）を確認しているもの。なお、起こった場所は学校の内外を問わないものとする」
問題点：下線部分を見ると、いじめの定義がせまく、いじめをした人や学校の責任が問われにくい。

＊1994年度からの定義
　「自分より弱い者に対して一方的に、②身体的・心理的な攻撃を継続的に加え、③相手が深刻な苦痛を感じているもの。なお、起こった場所は学校の内外を問わない。なお、個々の行為がいじめに当たるか否かの判断を表面的・形式的に行うことなく、いじめられた児童生徒の立場に立って行うこと。」
変更点：「学校としてその事実を確認しているもの」は削除され、下線部分が加えられた。

＊2006年度からの定義
　「ある行為が「いじめ」に当たるか否かの判断は、表面的・形式的に行うことなく、いじめられた児童生徒の立場に立って行うものとする。」
　「いじめ」とは、「当該児童生徒が、一定の人間関係のある者から、心理的、物理的な攻撃を受けたことにより、精神的な苦痛を感じているもの。とする。なお、起こった場所は学校の内外を問わない。」
変更点：「一方的に」「継続的に」「深刻な」といった言葉が削除された。

＊2013年いじめ防止対策推進法２条１項
　「この法律において『いじめ』とは、児童等に対して、当該児童等が在籍する学校に在籍している等一定の人的関係にある他の児童等が行う心理的又は物理的な影響を与える行為（インターネットを通じて行われるものを含む）であって、当該行為の対象となった児童等が心身の苦痛を感じているものをいう。
変更点：「攻撃」が「心理的又は物理的な影響を与える行為」に、「精神的な苦痛」が「心身の苦痛」に変更された。

定義が広くなったのは、言いわけをゆるさないため

　こうして並べてみると、いじめの定義が、だんだん広くなり、いじめ防止対策推進法でおそらくこれ以上はないというくらい広い定義が採用されたことがよくわかります。

　では、いじめの定義はなぜ広くなってきたのでしょう。

　理由の一つは、いじめた側にも、学校側にも、これはいじめではない、という言いわけをゆるさないようにするためです。

　1986年の定義を使って、いじめではないという言いわけを考えてみましょう。
- 「弱い者いじめ」じゃないから、いじめじゃない
- 相手もやり返したから、「一方的」ではなく、いじめじゃない
- 一回だけだから、「継続的」ではなく、いじめじゃない
- 傷つけるつもりはなかったから、「攻撃」ではなく、いじめじゃない
- 相手は深刻に思っていないから、「深刻な苦痛」ではなく、いじめじゃない

　せまい定義だと、こんな言いわけが認められてしまいますね。でも、それはおかしいでしょう。こういう問題をなくすために、

定義がどんどん広くなっていったのです。

定義を広げたために起こっていること

さて、これまで見てきたように、いじめの定義はとても広くなりました。この広い定義に当てはめてみると、どんなことがいじめにあたることになるでしょうか。

1 メガネを初めてかけてきたともだちに、ほめるつもりで「メガネ似合うね」と言ったら、ともだちが落ちこんでしまった。メガネをかけるのはイヤだったみたい。

2 いつも忘れ物をするともだちに、その子のためだと思って「おまえ、そんなんじゃだめだぞ」と注意したら、泣き出してしまった。ちょっと強く言ったけど、あの子のためだと思った。

3 休み時間にドッジボールをしていて、ともだちにボールをぶつけたら、顔面にあたって鼻血を出してしまった。わざと顔面をねらったわけではないんだけど。

さて、みなさんの感覚ではいかがですか。

いまのいじめの定義に当てはめると、**1 2 3** どれもいじめにあたります。これだと、ともだちとうかうか話もできません。言いわけをゆるさないためにいじめの定義を広くしたら、こんなことになってしまっているのです。

これはさすがにおかしいですね。法律上の定義ではいじめに当てはまるけれど、上記の**1 2 3**はどれも先生にしかられるようなことではありません。

文部科学省も、「いじめのすべてがきびしい指導を要する場合であるとはかぎらない」として、いじめという言葉を使わず

に注意することなどもできるとしています（いじめの防止等のための基本的な方針第1–5項）。

　つまり、いじめの中には、きびしくしかるほどのものではないということも含まれる、ということです。いじめの問題は、法律上の定義に当てはまるかどうかだけでなく、普通に考えてしからなければいけないことなのかという視点も忘れてはならないのです。

ちいさないじめにも敏感になる

　ただ、気をつけていただきたいことがあります。たとえば、「バカ」のような簡単な悪口、にらむ、返事をしない、なども、相手が傷ついたらいじめに当てはまります。

　ちいさなことでも、これをそのままにしておくと、だんだんとひどくなるかもしれません。いじめは、エスカレート（だんだんひどくなること）しやすいのです。ですから、**広い定義のもつ意味は、「いじめの芽を取り去る」ことにもあります。**

　ちょっとしたことでも、それをそのままにしないで、注意することが、いじめがひどくなる前にストップをかける力になります。ちいさないじめに敏感になることが、安全で過ごしやすい教室を作ることになるのです。

> **権利と法律メモ**
>
> **いじめ防止対策推進法**　2条1項（いじめの定義）、2項（学校の定義）、3項（児童等の定義）
> **学校教育法**　1条（学校の定義）
> **いじめ防止等のための基本的な方針**　第1-5項（すべてのいじめがきびしい指導をする必要があるとは限らない）

なぜいじめてはいけないのですか。

\ POINT /

あなたに人権があるように、他の人にも人権が
ある

A2

みなさんは、学校でも、いじめはいけないと何
度も言われていると思います。その理由について
も何度も聞いていることでしょう。ですが、この
本を読んでいただいているみなさんには、また別
の考え方があることも知っていただきたいのです。

いじめはしあわせに生きる権利を踏みにじる

　最初に書いたように、みなさんはだれでも、しあわせに生きることを権利として認められています。しあわせに生きることには、安心して成長していく権利（成長発達権）や、子どもの最善の利益を求めること、意見を言う権利も含まれています。こういった権利を、みなさんたいせつにしてください。

　そして、たいせつなのは、これをもっているのはあなただけではないということです。

　しあわせになれるイスがたった一つしかないのであれば、それをめぐって、相手を傷つけてでも自分のしあわせを取りに行きたくなるかもしれません。

　でも実際はちがいます。しあわせは、人の数だけあるのです。

そうであれば、あなたがしあわせになるために、だれかのしあわせに生きる権利を傷つける必要はありません。

　あなたがしあわせになりたいのとおなじくらい、他の人もしあわせに生きたいのです。あなたにそれを踏みにじる権利はありません。

　実際、いじめは、不登校、転校、自殺など、とても大きなマイナスの影響を与えることがあります。また、人を傷つけたという経験は、あなたのこころにも深い傷を残すかもしれません。

　相手の人権をたいせつにし、その人のしあわせを望むように生きることが、あなた自身にしあわせをもたらしてくれるはずです。

┌─ **権利と法律メモ** ─────────

　いじめ防止対策推進法　４条（いじめの禁止）
　日本国憲法　13条（幸福追求権）
　子どもの権利条約　６条（成長発達権）

└────────────────────────

Q3 いじめを受けたらどうしたらいいですか。

中学 2 年生の女子です。学校ではいつも仲の良い 5 人グループで過ごしています。この前、学校に行ったら、いつものグループの仲間が口をきいてくれません。どうしてかと理由を聞いても笑いながらどこかに行ってしまいます。ものすごくきつくて、学校に行くのもつらいです。どうすればよいでしょうか。

\ POINT /

いじめを打ち明けるのはむずかしいけれど、かならずだれかに相談をする

A3 つらいですね。どうして自分が仲間はずれになるのかも教えてもらえないのでは、どうしたらいいかもわからないでしょう。一人で考えていると、自分の悪いところばかり探していませんか。そんなときは、だれかに相談すると、いまは見えないものが、少しずつ見えてくるのではないでしょうか。

一人で抱えこまないようにする

いじめにかぎらず、悩みごとがあるときに、それを自分だけで解決しようとする人は少なくありません。ですが、これはなかなかむずかしいことです。一人でなやんでいると、心配のタネがどんどん雪だるま式にふくれあがり、つらい気もちは増すばかりです。自分のどこが悪いのだろう、なにがいけなかったのだろう、あのときのあの言葉が気にさわったのかもしれない、自分はなんてひどいことをしたのだろう、これなら口をきいて

もらえなくても当たり前だ、自分はなんてダメな人間だろう、と、どんどん自分を責め、おちついて物事を考えられなくなり、極端なことを考えてしまうこともあります。

そうなったら、**いったん考えることをやめて、だれかに相談するとよいでしょう。**

「悩みごとは枕と相談する」という言葉があります。特に、夜中に一人であれこれ考えていると、考え方が少しずれてくることが少なくありません。ですから、夜中に一人で考えているくらいなら、いったん寝て、明るいときに考えたほうがいい、という意味です。

法律ではどうなっているか

いじめをだれに報告して、だれが対応するのか、については、法律に決まりがあります。

学校の先生や職員、地方公共団体の職員、その他子どもから相談を受ける人、保護者は、子どもからいじめに関する相談を受けた場合で、いじめがあると思われるときは、学校（いじめの防止等のために学校に作られている組織／いじめ防止対策推進法22条）への通報、その他の適切な措置をとらなければ»なりません（同法23条1項）。

通報を受けた学校は、すみやかに、いじめがあるかを確認し、それを学校の設置者に報告しなければなりません（同条2項）。

調査の結果、いじめが確認できたときは、いじめをやめさせ、同じことが起きないように、専門的な知識をもっている人の協力を得ながら、①いじめられた子どもやその保護者に対するサポート、②いじめをした子どもに対する指導、その保護者に対するアドバイスを、継続的に行わなければなりません（同条3項）。

このように、**法律では、いじめについて調べて、対処するのは学校の責任とされているのです。**ですから、学校の先生に言うか、保護者から学校に言ってもらうのが有効だということになります。

いじめを打ち明けるのはむずかしいけれど

　では、実際は、いじめについて、みんなはだれに相談しているのでしょう。

　文部科学省の統計では、だれにも相談していない、という回答は4.5％にとどまりました（令和４年度 児童生徒の問題行動・不登校等生徒指導上の諸課題に関する調査結果について）。

　ほとんどの人がだれかに相談しているようです。もっとも、これは学校が把握したいじめだけで、学校が知らないいじめは含まれていません。

　また、相談した時期も調査からはわかりません。いじめに耐えられなくなり、学校に行くのもつらくなったときにようやく相談した、というケースも含まれていることでしょう。

　私が学校でいじめについて授業をしたときには、なかなかおとなにいじめを相談しにくい、という意見が多く出ていました。

　子どもたちがおとなにいじめを打ち明けない理由は何でしょうか。理由を聞くと、以下の答えが返ってきました。

1 いじめられることは恥ずかしいから、知られたくない。
2 チクると仕返しがこわい。
3 おおごとになるのがイヤだ。
　などです。この３つの答えから考えてみましょう。

1 いじめられることは恥ずかしいことか

いじめられることは恥ずかしいことでしょうか。

国立教育政策研究所の追跡調査によると、小学4年生から中学3年生までの6年間で、一度も「仲間はずれ・無視・陰口」を経験しなかった子どもは、全体の9.6%にとどまりました。90%以上が「仲間はずれ・無視・陰口」の被害を経験しているのです（国立教育政策研究所　いじめ追跡調査2013-2015〈2016年〉）。だれでもいじめの被害者になりうるということが、おわかりいただけると思います。

ですから、**いじめられることは特別なことではありません。**これはもはや常識となっていて、文部科学省も、いじめは「どの子どもにも、どの学校でも起こり得るもの」と通知を出しています（例として、いじめの問題への取組の徹底について（通知）文部科学省2006年10月19日）。

2 チクると仕返しがこわい

いじめられていることをおとな（特に学校の先生）に告白し、それによってもっといじめがひどくなる、ということを心配している人は少なくないと思います。いじめられている側が告白し、結果、いじめている側が学校の先生にしかられる。場合によっては自分の親にも注意される。そうして、「おまえチクっただろう」といって、いじめがさらにひどくなるということがあるのではないかという心配です。

ここで、悪いのはだれでしょう？　いじめの被害を告白した人は卑怯なのでしょうか。そんなはずがあるわけありませんね。つらくてがまんできないから、思い切って相談しているのです。それがいけないことであるはずはありません。

いじめたことがバレて怒られるのがイヤだから、「チクるの

は卑怯だ」と言っているにすぎません。要は、バレて怒られるのがイヤなだけなのです。

　いじめられてもだまっていなければならないなんてことはありません。**被害を告白するのは、あなたを守るために必要なことなのです。**

　たいせつなのはそのあとです。いかに仕返しさせないか。また、万が一、仕返しがあった場合、すぐにきちんと注意できるかは、学校の先生の力が試されます。先生がちゃんと仕返しを止めてくれると信じられないと、いじめられている側は告白することを恐れてしまいます。言いかえれば、告白できるかどうかは、いじめられた側が先生を信じられるか、という問題なのです。先生に言えば何とかしてくれる、という安心があれば、子どもたちは自分から、あるいは親を通じて、先生に話を伝えることができます。「先生に言っても何もしてくれなかった」ということがないようにしなければなりません。

　なお、いじめ研究が進んでいるイギリスでは、いじめ加害者をしからない「ノー・ブレイム・アプローチ」という手法が一部で採用されており、成果を上げています。

Column

ノー・ブレイム・アプローチとは？

　ノー・ブレイム・アプローチとは、「しからない（でいじめを解決する）方法」という意味で、1992年にイギリスのB・マイネスとG・ロビンソンが提唱しました。
　いじめた子をしかると、それを根にもってもっといじめ

がひどくなることが心配です。そうならないように、いじめた子をしからないで解決する方法です。

先生などのおとながミーティングの司会役をして、いじめられた子、いじめた子だけでなく、いじめられた子と仲がいい友だちも参加します。日本だったら、クラス全員でやってもよいと思います。

Ⅱ
いじめ

●最初に、いじめられた子が、いまの気もちをみんなに伝えます。自分がどんなにつらい思いをしているのか、言葉で伝えます。人によっては絵を描いたりして伝えることもよいかもしれません。ただし、ここでは、いじめた子にどんなことをされたかや、いじめた子に対して文句を言ったりしてはいけません。
●次に、参加者が、いじめられた子のつらい気もちをとりのぞくために、自分に何ができるかを考えて、みんなの前で発表します。このとき、いじめた子もかならず発表します。
●発表したことは、みんなとの約束になります。みんな、自分が発表したことをきちんとやることを約束するのです。
●別の日にまたミーティングをして、約束が守れたかどうかを確認します。いじめられた子が安心できるようになるまでこれを繰り返します。

いかがでしょうか。私が訪問したイギリスの学校では、ほとんどのいじめがこれで解決できているとのことでした。日本でも行われるようになるといいと思っています。

【参考文献】
Maines, B & Robinson G. 1992, Michael's been bullied- a peer support group mothod: The No Blame Approach, Bristol. Lucky Duck Publishing

❸「大ごとになるのがイヤだ」

　いじめられている子どもがいる場合、その問題の当事者はその子自身です。ですが、往々にして、おとなが先回りをして動いてしまい、子どもが望んだのとはちがう結果になることがあります。

　おとなが勝手に「この子を守るためにはこうしなくちゃ」と決めて、子どもの意見を聴かずに動いてしまうということは、「**子どもの最善の利益**（子どもにとって一番よいこと）」を、子どもの意見を聴かずに決めてしまうということです。

　こんな例があります。子どもが学校でいじめられていることを知った母親が、学校に行き、担任と話し合いをもちました。担任の言動の何かが気にさわったようで、母親は担任に謝罪文を書くように求めましたが、担任は応じません。今度は、校長直々の謝罪文を出すように母親は求めましたが、これも断られました。母親は、謝罪文をどうにか出させようとあちらこちらに相談するのですが、うまくいきません。もう裁判に訴えるしかない、と決意しました。

　この間、学校とのやり取りについて、当事者であるはずの子ども自身は、何も知らされないままでした（第二東京弁護士会子どもの権利に関する委員会作成DVD）。

　このケースにかぎらず、子どもの意見を聴かないで親が先回りして動いてしまうことは少なくありません。弁護士をしていると、いじめの相談で、保護者から、裁判で訴えたい、刑事告訴したいなどの相談を受けることがありますが、私はかならず、子どもの意見を聴くことにしています。

　子どもの多くは、きちんと謝ってほしい、など、裁判や警察

というものを使わない解決をしたいという考えをもっています。おとなの考える解決策と、子どもが望む解決策は、違うことがあります。自分が望まないところに行ってしまうのではないか、子どもたちはそれを恐れて、おとな、特にこの場合は親に、いじめを打ち明けられないことがあるのです。

いじめられたらまずおとなに相談を

　質問のケースでは、いじめられて学校に行くのもつらい状況ですから、一人で抱えこむにはもう限界です。おとなに相談しましょう。相談を受けることになるおとなとしては、まず親や学校の先生、スクールカウンセラーなどがあげられます。あなたの話を、あなたに寄り添いながら、おとなの考えを押しつけずに最後まで聴いてくれる人がよいでしょう。

> **権利と法律メモ**
>
> **子どもの権利条約**　3条（子どもの最善の利益）、12条（意見表明権）
> **いじめ防止対策推進法**　22条、23条1〜3項

相談を受けたおとなの方たちへ

　おとなは、子どもからいじめの相談を受けたとき、どのように対処すべきでしょうか。

「相談してくれてありがとう」

　子どもはいじめをおとなに相談することをためらいがちです。相談してくれたということは、そのハードルを乗り越え、おとなを信頼して相談しているのです。ですから、まず言ってほしい言葉は「ありがとう」です。

　「打ち明けてくれてありがとう。勇気がいったでしょう。」

　その一言から始めてください。子どももきっと、安心して話し出してくれるはずです。

　逆に、言ってはいけない言葉もあります。たとえば、

- なんでいままでだまっていたの
- あなたにも原因があるんじゃない
- やられたまんまでいいの？　くやしかったらやり返してみたら
- そんなのたいしたことじゃない。人生はもっと大変なことがたくさんある
- 気にしすぎじゃないの
- いそがしいからあとにして

　など、子どもを突き放す言葉です。こういった言葉に傷ついた子どもたちを、私はたくさん見てきました。

「傾聴」「受容」「共感」

　では、どうすればよいのか。まずは、子どもの気もちに寄り添ってください。これを「傾聴」と言います。子どもの言葉にじっくりと耳を傾けてください。そばに座り、ゆっ

たり流れる時間の中で、だれにも聞かれないところで、その子の話を聴いてあげてください。

そして、子どもの気もちを受け止めてください。「受容」です。つらい、さびしい、悲しい、といった気もちを感じ取り、その気もちを大事にして、「共感」してください。時には言葉に出して、「それはつらかったでしょう」「一人で抱え込んで大変だったね」などの言葉を投げかけると、子どもは自分の話が受け入れられ、共感してもらっていることに安心します。

この「傾聴」「受容」「共感」を行うことで、子どもは、自分の中に本来もっているエネルギーを呼び起こすことができます。場合によっては、話を聴くだけで、子ども自身が元気を取り戻し、自分で解決策を見つけることもあります。子どもの話を聴くというのは、とても大きな力をもつものなのです。

学校との交渉

親が子どもの話を聴いたうえで、対外的に交渉する必要があれば交渉を始めます。この場合、学校での人間関係の中で発生したいじめであれば、交渉相手は基本的に学校になります。時々、いじめた側の親と直接交渉する例を見ますが、お互い感情的になってしまい、かえって問題をこじれさせることになりかねません。

学校との交渉でこころがけるべきは、子どもが安心して学校に通えるようにするために、学校として、親として、それぞれの立場で何ができるか、を冷静に話し合うことです。あくまでも冷静に、です。感情的に話し合っても、事態は好転しません。

また、主役は子どもです。子どもの意見を中心に置き、それを実現するために必要なことを話し合いましょう。

相談窓口も利用できます

　あなたがうまくおとなに相談できない時もあります。また、おとなも、自分の行動が正しいのか自信がもてない時や、交渉がうまくいかない時があります。そういったときは、だれかに相談したいですね。

　子ども専用の相談電話としてはチャイルドラインなどが有名です。また、それ以外にも、弁護士会の子ども向け電話相談、自治体の子どもの権利擁護のための第三者機関などにアクセスして、相談することができます（相談先は134頁に）。

小学5年生です。いつもちょっかいを出して
くるともだちがいます。やめてよと言ってもや
めてくれません。最近、なんかイライラしてい
たこともあって、今日、とうとう相手の顔をた
たいてしまったら、相手の子は鼻血を出してし
まいました。先生は、これは暴力だからいじめ
だと言います。納得できません。自分だけが悪
いのでしょうか。相手の子が先に悪いことをし
たのだから、相手が悪いのではありませんか？

\ POINT /

相手が先に悪いことをした場合でも、いじめ返
すのはいい方法ではない

　あなたの気もちはよくわかります。きっかけを
作ったのは相手なのに、がまんの限界にきて手を
出したら、あなただけしかられたのですね。それ
はなかなか納得がいかないと思います。もちろん、
あなたがともだちをたたいたことはしっかり反省
しないといけないことです。では、相手の子はど
うなのでしょう。少し考えてみましょう。

先にイヤなことをしたら、
いじめられるのはしかたない？

　私は、「弁護士による、いじめ予防授業」を長年やっています。
授業の初めに、「いじめられる側も悪いのか」という質問をす
ると、ほとんどの子どもが、「場合によっては悪い」という意
見を言います。では、どういう場合に「悪い」のか、と聞くと、

- 先にイヤなことをした場合
- 先に悪口を言った場合

など、先に相手が何か悪いことをしたときには、その人も「悪い」という意見がとても多いのです。

こういうとき、いじめ返してもよいのか、質問から考えてみましょう。

まず、相手の子は、普段からちょっかいを出してきて、やめてほしいと言ってもやめてくれません。これは、ちょっかいといえども、こちらがイヤがっている以上、「心身の苦痛」はありますので、いじめにあたるということはありえます。

では、それに反応して、相手をたたく行為はどうでしょう？たたくという物理的行為によって、鼻血を出させているのですから、「心身の苦痛」を与えたことになり、これもいじめにあたります。

イヤなことをされたときに、思わず言い返したり、手を出してしまうことは少なくありません。では、それは「しかたのない」ことなのでしょうか。

私の授業の中で子どもたちに聞くと、「自分が先にいじめたならやられてもしかたがない（自業自得だ）」「やられるのは自分が悪い」といった意見がけっこう出てきます。この意見は、いじめ返すのはしかたがない、という意見です。

では、どこまでいじめ返していいのでしょうか。よく授業で出てくる意見は、「やられたのと同じだけならいい」という意見です。一見もっともなように思えますね。では「同じだけ」で確実に止められるでしょうか。

悪口を1回言われた、だから自分も悪口を1回だけ言い返す、

ここまでが「同じだけ」になります。でも、言い返す悪口に乗っかって、他の子が悪口を言い出したらどうしたらいいでしょう。止めに入れますか？ 「お前も言っていたじゃないか」と反論されませんか？ そうしてどんどん相手の子に対する悪口が広がっていくことは、十分に考えられることです。

　いじめは、だんだんとひどくなる（エスカレートする）ことがよくあります。自分が思っていた以上にいじめがひどくなった場合、どう責任をとればいいのでしょうか。

　こうして考えると、いじめに対して、「同じだけ」いじめ返す、というのは、実際はとてもむずかしく、また、危険であることがわかります。

いじめ返す以外の方法はないか

　イヤなことをされたときに、だまってガマンしなさいと言われたら、みなさん納得できないでしょう。では、イヤなことをされたときに、いじめ以外の解決方法はないのでしょうか。私の授業の中では、いろいろな意見が出てきます。
たとえば、

- 先生などのおとなに言う
- イヤだと相手に言う
- ともだちに相談する
- 話し合う
- どうしてイヤなことをするのか理由を聞いてやめてもらう

などです。

　どれも、それほどむずかしいことではなさそうです。こういうやり方があるのに、イヤなことをされたら、いじめで返すのが当たり前、という考えをもっている人は、いくつかの解決方

法から、「あえていじめを選んでいる」のです（真下麻里子『幸せな学校のつくりかた』教育開発研究所／2012年／78頁）。

　いじめられたからと言っていじめ返すことは許されていません。相手を傷つけることは、相手のしあわせに生きる権利を踏みにじることになるからです。相手にも、しあわせに生きる権利、学校や家庭で安心して毎日を送り、豊かに成長していく権利（成長発達権）があります。

　もちろん、さいしょにちょっかいを出してきた子は、きちんと先生に注意されなければいけません。ちょっかいを何度も出して、相手を傷つけたりイヤな気もちにさせることは、やはりみとめられていないのです。

> ── **権利と法律メモ** ──
>
> **日本国憲法**　13条（幸福追求権）
> **子どもの権利条約**　6条（成長発達権）

学校で、先生から、「いじめを見ているだけの人はいじめているのと同じ」と言われました。本当ですか。

\ POINT /

いじめに気づいた人にできることってなに？

「いじめを見ているだけの人はいじめているのと同じ」という話は、聞いたことがあると思います。では、「いじめを見ている人」はどんなことができるのでしょう。また、むずかしいことは何でしょう。まずは、いじめの構造から見ていきましょう。

いじめの四層構造って？

いじめは「四層構造」であるとよくいわれます。私の授業では、これを「ドラえもん」（藤子・F・不二雄先生の作品）の登場人物にたとえて話をします。

> 加害者／いじめる人➡ジャイアン
> 被害者／いじめられる人➡のび太
> 観　衆／いじめをはやし立てる人➡スネ夫
> 傍観者／いじめを見ている人➡しずか

ちなみに、観衆を含まず、加害者、被害者、傍観者の3つに分ける考え方もあります（左の絵も参考にしてください）。

傍観者はいじめているのと同じ？

　ここでは、傍観者（いじめを見ている人）について考えていきます。もしも、傍観者はかならずいじめを止めるべきだ、という意味で、止めないならいじめているのと同じ、と言われているのなら、それは私はちがうと思います。

　いじめを止めに入る、というのはとてもむずかしいときがあります。いじめている側が大勢であるときや、いろいろな意味で力が強いとき、あなたはいじめを止めに入ることができるとはかぎりません。

　止めに入ったら、自分が今度はいじめられる側になるかもしれない、そうでなくてもクラスの中でイヤな思いをするかもしれない。そういった心配は、むしろ当たり前のことです。この心配を、どんなときでも乗りこえて、止めに入らなければならないとしたら、それはムリなことを求めていると思います。それができない人を、「いじめているのと同じ」と言って非難するのは、言いすぎだと私は思うのです。

いじめを止める以外でできること

　では、傍観者は止めに入ることができないときは、だまって見ているだけなのでしょうか。よく考えてみると、いくつかできることがあります。みなさんもいっしょに考えてみてください。ここに書いてある以外のことでも、できることがあるはずです。

● 先生に相談しやすい立場にいる

　いじめられている人は、先生に相談するのをためらうことが

あります。「お前、チクっただろ」と言われ、よけいにいじめがひどくなることをこわがっているのです。では、傍観者はどうでしょう。傍観者は、いじめられている人とちがい、だれが先生に相談したか特定されません。特定されないように、先生に、「私が言ったということはないしょにしてください」と、お願いしておくとよいでしょう。

●「ひとりぼっちじゃないよ」と伝える

いじめられている人は、ひとりぼっちだと思いこみがちです。だれも助けてくれない、だれも味方がいない、と思ってしまいがちです。そんなとき、味方がいると気づかせてあげると、大きな勇気を与えることができます。

直接話すのがむずかしければ、電話でもいいし、LINEなどのアプリを使って元気の出るスタンプを送るのもいいでしょう。「みんなの見ている前では助けてあげられなくてごめんね、でも、いつもあなたのことを心配しています」。そういったメッセージで、「あなたはひとりぼっちじゃないよ」と伝えてみてください。きっと、いじめられている人は大きな勇気をもらうことになるはずです。

いじめを受けたら、学校はどんなことをして くれるのでしょうか。

法律で学校の役割は決まっている

 いじめ防止対策推進法には、学校のやるべきこととしてたくさんのことが決められています。一部ですが、重要なものを以下に記します。

＊いじめ防止基本方針の策定（いじめ防止対策推進法（以下「法」）13条）／学校は、いじめにどう対処するかなどの方針を、「いじめ防止基本方針」にまとめなければいけません。ほとんどの学校では、この基本方針は学校のホームページに掲載されています。あなたの学校の方針を見てみてはいかがでしょうか。

＊組織等の設置（法22条）／学校は、いじめの防止等の対策として、組織を設けなければいけないとされています。構成員は、複数の教職員、心理、福祉等に関する専門的な知識を有する者その他の関係者、とされています。複数の教職員には、校長、副校長（教頭）などの管理職、生徒指導担当、学年主任、養護教諭、部活動担当などが考えられます。心理・福祉等に関する専門家としては、スクールカウンセラー、スクールソーシャルワーカー、弁護士、医師などが考えられます。その他の関係者としては保護者代表、児童生徒の代表、地域住民などが考えられます。

＊学校への通報等／学校の教職員は、いじめの相談を受けた場合で、いじめの事実があると思われるときは、学校への通報その他の適切な措置をとらなければいけません（法23条１項）。

＊**事実の確認と報告**／学校は、いじめの通報を受けたときその他学校の子どもがいじめを受けていると思われるときは、すぐに、いじめの有無の確認を行わなければなりません。また、その結果を、学校設置者（公立の場合は教育委員会、私立の場合は学校設置法人、国立の場合は国）に報告しなければなりません」」（同条2項）。

＊**いじめを止める**／学校は、調査の結果いじめがあったと確認できた場合には、いじめをやめさせ、再発を防止するため、複数の教職員によって、心理、福祉等に関する専門的な知識を有する者の協力を得つつ、
ア　いじめられた子どもやその保護者に支援をおこなうこと
イ　いじめた子どもには指導をし、又はその保護者に対してアドバイスすること
を継続的に行わなければいけません（同条3項）。

＊**安心して授業を受けられるようにする**／学校は、必要なときは、いじめをした子どもに、いつもの教室とは別の場所で授業を受けさせるなど、いじめられた子どもやそのほかの子どもが安心して授業を受けられるよう、必要なことをしなければならなりません（同条4項）。

＊**警察との協力**／学校は、いじめが犯罪に当たると考えたときは、警察と協力していじめに対応します（同条6項）。

— **権利と法律メモ** —

いじめ防止対策推進法　13条（いじめ防止基本方針）、22条（組織等の設置）、23条（学校への通報等　1項、事実の確認と報告　2項、いじめを止める　3項、安心して授業を受けられるようにする　4項、警察との協力　6項）

いじめが深刻だったり、ひどい場合はどうなりますか。

深刻でひどいいじめは「重大事態」になり、学校の対処法も決まっている

 「重大事態」という言葉は聞いたことがない人も多いかもしれません。いじめ防止対策推進法の28条1項にその定義があります。

重大事態とは以下の場合です。

■いじめにより子どもの生命、心身又は財産に重大な被害が生じた疑いがあるとき

■いじめにより子どもが相当の期間学校を欠席せざるを得ない疑いがあるとき

■の「生命、心身又は財産に重大な被害が生じた」とは、

● 子どもが自殺をしようとしたとき

● 体に重大なケガを負ったとき

● お金やモノに重大な被害を受けたとき

● 精神性の病気を発症したとき

などが挙げられています（いじめ防止等のための基本的な方針第2-4-(1)）。

■の「相当の期間」学校を欠席せざるを得ないというのは、30日を目安としますが、一定期間連続して欠席しているよう

な場合には、30日より短くても重大事態として扱うべき場合があるとされています（同　第2‐4‐（1））。

　重大事態かどうかは、「重大な被害が生じたかもしれないという疑い」、「それがいじめによるものであるかもしれないという疑い」があればよく、事実が確定していなくても重大事態と扱われることになっています。

調査のための組織をつくる

　重大事態が発生すると、学校設置者又は学校の下に組織（「第三者委員会」などがこれにあたります）を設けて、事実関係を調査することとなっています。

　法律では、被害者の申立がなくても、重大事態になりますが、実際にはいじめられた側からの申立があって重大事態と扱われ、調査が始まることが多くあります。

　調査のための組織については、公平中立な立場から、弁護士、精神科医、学識経験者、心理・福祉の専門家などの第三者がメンバーとなるよう努めることとされていますが、実際はさまざまな形態があります。

　学校設置者（教育委員会など）が設置する場合は、上記のような専門家で構成される第三者機関となることが多いですが、学校が主体となって設置する場合は、学校のいじめ防止等の対策のための組織に第三者を加える場合もあります。

Column

LINEなどをつかったいじめの場合

　LINEなどをつかったいじめが増えてきています。特に、小学生から中学生、高校生と上がっていくと、いじめ全体に占める割合が上がっていきます。

　令和4年度の文部科学省調査では、いじめ全体のなかで、「パソコンや携帯電話等で、悪口を言われたりイヤなことをされる」の割合は以下のとおりとなっています。

　＊小学生　1.8%
　＊中学生　10.2%
　＊高校生　16.5%

　LINEなどのコミュニケーションアプリは、とても便利ですが、その分、いじめが生まれやすいものでもあります。特徴としては、次のようなことがあります。

- 短い言葉だけのやりとりなので、かんちがいから相手をおこらせることがある
- おとなの目につきにくい
- 言葉がぽんぽんやりとりされるのでエスカレートしやすい

- ボタン一つで仲間はずれにすることができる
- 家に帰っても終わらない

　こういったいじめは、どうすればよいのでしょうか。いくつかやれることをあげてみましょう。

①悪口やひどい言葉を書かれたら、スクリーンショットで保存しておく（ふつうのいじめよりも、記録が残りやすいので、残しておく）
②家の人と話して自分の家でのルール「夜○時をすぎたらスマホをいじらない」などを作り、そのことを友だちにも伝えておく
③すぐに返事をしなければならない、既読スルーは失礼だ、といった変なルールにしばられない（返事をするのは自分の都合のよいときでいいのです。いつもすぐ返事する必要はありません）
④LINEのやりとりで話がこじれそうになったら、顔を合わせて話し合う

　などです。一度、ためしてみてはいかがでしょうか。ひどすぎるな、自分では解決できないな、と感じたら、早めに学校の先生や保護者に伝えましょう。

Ⅲ

不登校

Q1 朝起きると、吐き気がしたり、おなかが痛くなったりします。学校に行かなくちゃと思うのですが、どうしても行けません。お父さんやお母さんも、心配しているようです。学校に行かないと、いろいろ不安で、つらいです。どうすればよいのでしょうか。

\ POINT /

「学校に行かなければならない」という考えから解放されよう

A1 学校に行けない人、行かない人、それぞれいると思います。行こうと思ってもいけない、という人も多いでしょう。そんなあなたは、学校に行かなくちゃ、と毎日こころのあせりを感じているかもしれません。「何で学校に行けないんだ」と言われて、うまく説明できないと、もっとあせりや不安を感じていることでしょう。ここでは、不登校について、いろいろ考えてみましょう。

不登校でも大丈夫

いま、学校に行けないあなた。不登校になることが、とてもいけないことのように感じていませんか。

勉強は遅れてしまわないだろうか／（中学生の場合）高校に行けるだろうか／さぼっていると言われないだろうか／親に心配をかけていないだろうか／ともだちや世の中からおいていかれてしまうのではないだろうか

保護者の方も、お子さんが不登校になると、「そっとしておいたほうがいい」と思いつつも、ついつい、いろいろな心配をしてしまい、口に出してしまうことがあると思います。

　昨日は行くと言ったのに、今朝になると行けないと言い出すなんて／テストは受けると先生と約束したのに、結局受けないなんて、先生にも申しわけない／このまま何年も家から出られないのではないか？

　心配になるのはもっともです。ですが、不登校になるには、それなりの理由があります（ただ、本人にもその理由がわかっていないときもあります）。

　たとえば、朝起きられない病気があります。学校になじむのがむずかしい人もいます。授業がおもしろくてしかたがない、という人はむしろ少数派ではないでしょうか。ともだちや先生との人間関係になやんでいる人は、学校に行くというだけで大変な勇気がいります。いままでガマンして通っていたけど、もう限界、休みたいとこころは悲鳴を上げているかもしれません。

　そういう時は無理をしないで、学校に行ってもいいかな、という気もちが少しずつ出てきて、それに体が無理なく反応してくれるまで、ゆっくりと休むことにしましょう。

　子どもの権利条約31条には、休む権利、自由な時間を持つ権利も定められています。

　あの、狭い教室の中で、何年もお行儀よく机に座っていられる人だけがおとなになれるのではないのです。おとなになるには、いろいろな道があります。学校だけがその道ではありません。

実は、不登校で、いちばん子どもやその家族を苦しめているのは、この「学校に行かなければ」という考えです。これを取り外して、ゆっくりとこころの声に向き合ってみてください。

　みんなと同じ年に社会に出なければならないわけでもありません。あなたは、あなたのペースで、あなたらしい方法で、おとなになっていけばいいのです。

　もう一度言います。学校に行くことだけがおとなになるただひとつの道ではありません。

学校に通うのは「当たり前」なのか

　学校に通う子どもたちにとっては、学校生活が毎日の大半を占めます。当然そこに通わなければいけない、と思う人が多いでしょう。お父さんやお母さん、学校の先生などのおとなも、学校に通うことは当たり前、と思っている人が多いと思います。でも、本当にそうでしょうか。

　まず、日本国憲法の規定を見てみましょう。
　憲法26条1項には、「すべての国民は、法律にしたがって、その能力に応じて、ひとしく教育を受ける権利をもっています。」と書かれています。これは、教育を受ける権利がすべての国民にあるということです。

　2項では義務教育について以下のように書かれています。

　「すべての国民は、法律にしたがって、自分が保護している子どもに普通教育を受けさせなければなりません。義務教育は、無償とします。」

　ここからわかるように、教育を受けることは、子どもの「権

子どもの未来社

おすすめ 絵本

〒101-0052
東京都千代田区神田小川町 3-28-7 昇龍館ビル602
電話 03-3830-0027　FAX 03-3830-0028
Email:co-mirai@f8.dion.ne.jp
http://comirai.shop12.makeshop.jp/

©SUGIYAMA KANAYO『あいうえあそぼうとしょかんで』より　2024.10【価格税別】

シッゲのおうちはどこ？　小学校低学年〜

セーブ・ザ・チルドレン・ジャパン 協力

里親のもとで成長していく少年の物語

ある日、知らない大人がシッゲと母親を別々の場所に連れていき、シッゲは里親のもとで成長していきます。ネグレクトや里親制度などを背景に、子どもの心の動きを丁寧に描いた絵本。

作 / スティーナ・ヴィルセン、セーブ・ザ・チルドレン・スウェーデン
訳 / きただい えりこ
本体：1700円＋税　60頁 A5 変判上製　ISBN978-4-86412-427-0

シッカとマルガレータ　小学校中学年〜
戦争の国からきたきょうだい

戦時下のふたりの少女の出会いと友情の物語

家族と離れて戦争の国から逃れてきたシッカと、平和な国にくらすマルガレータが出会い、たがいの違いを理解し友情を育んでいく。しかし、やがて別れの日が……。

作 / ウルフ・スタルク　絵 / スティーナ・ヴィルセン　訳 / きただい えりこ
本体：1700円＋税　42頁 AB 変判上製　ISBN978-4-86412-234-4

レッド
あかくてあおいクレヨンのはなし

ありのままの自分を探すきっかけに

青いクレヨンなのに、赤いラベルをはられてしまったレッド。
赤くぬるのが苦手。「がんばればできる」というけれど……。

小学校低学年

作 / マイケル・ホール　訳 / 上田勢子
本体：1500 円＋税　40 頁 B5 判上製　ISBN978-4-86412-116-3

わたしはみつけた！
バージニア・アプガー博士の
赤ちゃんの命をすくう発明

小学校低学年〜

新刊

新生児の医療を変えた麻酔科医！

世界中で今も使われ、たくさんの赤ちゃんを救っている「アプガース
コア」を生み出した医師のエンパワメントな伝記絵本！

文 / キャリー・A・ピアソン　絵 / ナンシー・カーペンター　訳 / さくまゆみ
本体：1800 円＋税　40 頁 AB 変判上製　ISBN978-4-86412-433-1

わたしにまかせて！
アポロ 13 号をすくった数学者
キャサリン・ジョンソン

小学校低学年〜

NASA で活躍した女性数学者！

故障したアポロ13号を綿密な計算で、宇宙から奇跡の生還に導い
キャサリン・ジョンソンの伝記絵本。映画『ドリーム』にも描かれた

文 / ヘレーン・ベッカー　絵 / ダウ・プミラク　訳 / さくまゆみこ
本体：1800 円＋税　34 頁 AB 変判上製　ISBN978-4-86412-244-3

わたしは反対！
社会をかえたアメリカ最高裁判事
ルース・ベイダー・ギンズバーグ

小学校中学年〜

SLA2023
「えほん 50」
に選出！

「JBBY おすすめ」
世界の子どもの
本 2023」選定！

声をあげつづけて社会を変えた！

女性の不平等問題等に立ち向かい続けた R・
B・G の伝記絵本。読めば勇気がわいてくる！

文 / デビー・リヴィ　絵 / エリザベス・バドリー　訳 / さくまゆみこ
本体：1800 円＋税　40 頁 A4 変判上製　ISBN978-4-86412-226-9

ほん book 小学校低学年〜

本と読書の魅力を伝える宝箱のような絵本

本を開いてよーく見ていると、いつのまにか別世界へ。そこはなんでもできる、どんなことでも起きる場所…。本の魅力、本を読む楽しさは何にも代えがたいことが実感できる。

竹下景子さん推薦！

作／デイビッド・マイルズ　絵／ナタリー・フープス　訳／上田勢子、堀切リエ
本体：1600 円＋税　32 頁 AB 横判上製　ISBN978-4-86412-225-2

ルドルフ　赤い鼻のトナカイ 幼児〜

クリスマスソング「赤鼻のトナカイ」の元になった物語

ピカピカ光る赤い鼻をいつもからかわれていたルドルフは、クリスマスの夜、サンタさんから、「そりをひいてくれないか」とのまれます。世界中の子どもに愛されてきたお話が日本に初登場！

作／ロバート・L・メイ　絵／アントニオ・ハビエール・カパロ　訳／上田勢子・堀切リエ
本体：1700 円＋税　40 頁 A4 変判上製　ISBN978-4-86412-186-6

せかいにひとつ
あなたのうた 新刊 幼児〜
こどものけんりをたからかに

子どもの権利を美しい絵と詩で伝える絵本

誰もが心の中に「歌」を持つと語りながら、子どもの権利を子もの感性に響くように表現した感動的な一冊。

フリースクールの子どもの協力を得て出版！

文／ニコラ・デイビス　絵／マーク・マーティン　訳／西野博之

あいうえあそぼう
としょかんで 小学校低学年〜

図書館と子どもたちをつなぐ絵本

カルタ形式で図書館のすべてがわかります。初めて図書館へ行く子も図書館が好きな子も楽しめます。

＊コピー可なので、学校や図書館で活用できます。

文／草谷桂子　絵／スギヤマカナヨ
本体：1500 円＋税　36 頁 AB 判上製　ISBN978-4-86412-160-6

はじめにきいてね、こちょこちょモンキー！
同意と境界、はじめの１歩

きいてみたことある？　ともだちのきもち

こちょこちょしたらみんな喜んでたのに、「くすぐらないで」と言われてびっくり！　どうしたらいい？……相手の気持ちを聞くこと、自分の気持ちを話すことの大切さを伝える絵本。**解説：浅井春夫**

作 / ジュリエット・クレア・ベル　絵 / アビゲイル・トンプキンズ　訳 / 上田勢子・堀切

かっぱのふうちゃん
ライフジャケットでスイスイ

水辺の安全と子どもたちの命を守る絵本

ライフジャケットの必要性・使い方がよくわかり、安全教育にも使える絵本です。

日本子ども安全学会推薦

文 / 森重裕二　絵 / 市居みか
本体：1300 円＋税　24 頁 B5 判上製　ISBN978-4-86412 211-5

ようこそ！わたしの町へ
家をはなれてきた人たちと

難民を理解・支援するために

様々な理由で住んでいた家を離れてきた人たち。なぜ引っ越してきたの？　仲よくなれるかな？　何ができるかな？　幼い子どもにもわかるように楽しいアイデアを伝えます。　＊本書の売り上げの一部は難民支援のために使われます
＊本書のカバー裏はポスターとして使えます。

安田菜津紀さん推薦！

NPO 法人難民支援協会 協力

文 / ミアリー・ホワイトヒル、ジェニファー・ジャクソン　絵 / ノマー・ペレズ　訳 / 上田勢子、堀切リエ　本体：1500 円＋税　26頁AB判上製　ISBN978-4-86412-224-5

リトル・アイ
●(テン)をなくした i (アイ)のはなし

自分さがしの冒険と成長の物語

頭の点を探してアイは冒険の旅へ出発！　コンマや記号がデザインされた不思議な島で、点を見つけたアイは？　おどろきと感動の結末とは……。アルファベットとも楽しく出会える。

作 / マイケル・ホール　訳 / 町田淳子
本体：1500 円＋税　40 頁 B5 判上製　ISBN978-4-86412-196-5

利」であって、義務ではありません。「義務教育」という言葉がまぎらわしいのですが、「義務教育」とは、お父さんやお母さんなど、子どもを保護している人（保護者）が、自分の子どもに教育を受けさせる義務のことをいいます。たとえば、家の仕事を手伝わせるために学校に行かせない、というのはいけませんよ、ということです。

Ⅲ

不登校

日本では、学校に通うことが子どもの義務のように言われてきました。しかし、憲法が明らかにしているように、**教育を受けることは、子どもの権利であって、決して、「学校に通う義務」があるわけではないのです。**

子どもは学校に通うべきだ、という世の中の考え方に、不登校の子どもたち、そしてその保護者は、ずっと苦しめられてきました。いま、私たちは、その考えを変える時期にさしかかっています。もう少し、くわしく見ていきましょう。

不登校は増え続けている

文部科学省の調査では、2022年度の小・中学校の不登校児童生徒数は29万9048人にのぼりました（文部科学省「令和4年度児童生徒の問題行動・不登校等生徒指導上の諸課題に関する調査結果」）。2020年度の同じ調査の人数が19万6127人ですから（文部科学省「令和2年度児童生徒の問題行動・不登校等生徒指導上の諸課題に関する調査結果」）、2年で10万人以上増えたことになります。増加は10年連続となります。不登校の子どもの数は、ここ何年かで猛烈なスピードで増えているのです。

これだけ多くの子どもが学校に通えていない、というのは、そもそも毎日学校に朝から放課後まで通うことに無理が出てきているのではないでしょうか。

子どもの多様性と学校とにギャップがある

　世の中にはいろいろな子どもがいます。勉強の得意な子もいれば、にがてな子もいます。けれど、学校では、小学校の算数など、課目によっては進度別に分かれることもありますが、基本的には、みんなで同じ授業を受けます。

　すでに塾などで習って知っていることばかりを学校で習うことになる子もいれば、まったく授業についていけないまま何年も机に座って、わからないまま授業時間をやり過ごしている子どももいます。勉強一つとっても、子どもたちは、実に多様で、一人ひとりがまったくちがいます。

　子どもたちがこれだけさまざまであるのに、学校は、大勢の子どもがみんなで同じことを学ぶことを前提にしたままです。授業内容は基本的に同じ学年なら内容も同じです。ほとんどの学校は、子どもみんなが同じことをするのにあった制度になっています。このような学校が、いまの多様化した子どもたちに対応できると考えるところに無理があるのです。

学校が子どもに合わせる時代へ

　2021年4月、岐阜市に公立の学びの多様化学校（不登校特例校）ができました。岐阜市立草潤中学校という学校です（岐阜県PTA連合会HPより　不登校特例校『草潤』中学校ってどんな学校!?　岐阜県PTA連合会教育環境委員会）。

　この学校は、毎日登校する必要はありません。授業カリキュラムも、家庭学習を基本にするコース、家庭学習と学校での学習の混合コース、毎日登校することを基本とするコースの中から生徒が選ぶことができます。先生も生徒が選ぶことができます。

これが、公立の学校として設立されたことに意味があります。いまや学校は、子どもが学び方を自分で決めるべき時代に来ているのかもしれません。昔ながらの、全員一律を前提とした学校ばかりでは、不登校生徒はますます増えていくことでしょう。不登校の子どもたちが増えていくのは、古い学校システムに子どもたちがついて行けず、それに悲鳴を上げる子どもたちが増えていっているからではないでしょうか。

権利と法律メモ

子どもの権利条約　31条（休む権利、自由な時間を持つ権利）

日本国憲法　26条（教育を受ける権利）

Q2 不登校になる人は、どんな理由で学校に行けなくなるのですか。

理由は病気、または無気力・不安などの心理的ストレスかもしれない

A2 不登校にはそれぞれ理由があります。ここでは、不登校の理由について見ていきましょう。

文部科学省の統計から見ると

不登校の原因はさまざまです。文部科学省の2022年度の統計では、小中学校（国公私立合計）で、主たる原因としてもっとも多いのが「無気力・不安」（51.8％）、次いで、多い順に、「生活リズムの乱れ、あそび、非行」（11.4％）、「いじめを除く友人関係をめぐる問題」（9.2％）、「親子のかかわり方」（7.4％）、「学業の不振」（4.9％）などが続いています（文部科学省 「令和4年度児童生徒の問題行動・不登校等生徒指導上の諸課題に関する調査結果」）。

この統計は、学校の先生が回答しているので、実態はもう少し異なる可能性があります。

「無気力」はなまけているのではない

不登校の子どもによくある傾向として、朝起きられない、起

きても頭痛がしたり吐き気がしたりして、どうしても学校に行けない、ということがあります。これは、決して「無気力・不安」として片づけられるものばかりではありません。

たとえば、**起立性調節障害**という病気の可能性があります。代表的な症状は、朝起きられない、だるさや頭痛などで、不登校になっている子の3割から4割がこの病気だともいわれています（NHK福祉情報サイトハートネット **https://www.nhk.or.jp/heart-net/article/374/**）。

あまり知られている病気ではないので、周りの人から「なまけている」「やる気がない」などと言われてしまい、本人もつらい思いをしてしまうことも少なくありません。まずは、きちんとお医者さんの診断を受けたうえで、周りの人の理解を得る必要があります。この病気は、耳鼻科や小児科で診断してもらうことができ、お医者さんの指示に従って治療していけば治るものです。

また、「無気力」や「不安」の原因として、**心理的なストレス**が影響している可能性もあります。それは、ともだちとの関係だったり、先生との関係だったりするかもしれません。あるいは、家庭内のトラブルでつかれきっているのかもしれません。

もし、病気が原因なら、治るまで無理する必要はありません。自分のペースで自分のできることだけに集中すればよいですし、学校に合わせて生きる必要はありません。

学校がつらいと思っているときに、歯を食いしばって学校にいくのも限界があります。もう無理だと思う前に、学校とは別のところで休息をとりましょう。

不登校を取り巻く社会や政策の変化はどのようなものがありますか。

\ POINT /

多様な学びが認められるようになってきた

 　不登校については、社会のとらえ方も変わってきています。

　むかしは、不登校は「登校拒否」と呼ばれ、学校に来ないことが問題だとされていました。不登校の子どもを、どうにかして学校にもどす、というのが文部科学省の基本的な方針だったのです。しかし、不登校の子どもが増え続け、文部科学省は、学校にもどすことばかりを解決策としてはいられないと方針転換し、それまでの学校復帰を目指した通知を撤回することになりました。

「教育機会確保法」が成立した

　このような大きな方針転換は、「義務教育の段階における普通教育に相当する教育の機会の確保等に関する法律（**教育機会確保法**）」（2016年）の成立によるものです。

　この法律は、不登校の子どもが行う多様な学習のようすを踏まえ、それぞれの子どもに応じた支援を行うことを基本理念のひとつとしています。学校にもどすことを目的とするのではなく、学校に来ないでもいろいろな形で学んでいる子どもたちを支援する、ということです。これは、大きな方向転換だと言えるでしょう。なお、あくまでも義務教育段階の話ですから、小

学生・中学生が対象です。

　この法律ができたことによって、文部科学省は基本指針（2017年3月31日「義務教育の段階における普通教育に相当する教育の機会の確保等に関する基本指針」文部科学省）を作成しています。その中で、重要と思うところをピックアップしてみました。以下のようなところがポイントです。

● 不登校はだれにでも起こりうるものである。不登校であるというだけで問題行動と取られないようにし、子どもにとってもっともよいことを最優先に考えて支援するべきである。

● 不登校支援にあたって、登校することばかりを目標にしない。また、支援にあたっては子ども本人の気もちを十分尊重し、子どもや保護者を追いつめることがないよう気をつけなければならない。

　具体的な支援内容としては、次のことがあげられています。

①安心して教育を受けられる、魅力ある学校作り
- いじめ、暴力、体罰などをゆるさない
- 個別指導やグループ別指導など、個人ごとに応じた指導の充実

②不登校に対する支援
- 不登校となっている理由をずっと見守る
- 学校全体で支援を連携・分担する
- 登校時に保健室、相談室、図書室等も活用する

③教育機会の確保
- 不登校の子どもに配慮した特色ある教育課程を編成する
- 不登校特例校（現、学びの多様化学校）の設置の促進

- 教育支援センター（適応指導教室）については通所を希望する人だけでなく、通所を希望しない子どもに対する訪問支援も実施する
- 民間団体との連携
- 家庭で過ごしている不登校の子どもに対して、必要な情報提供や支援、家庭訪問、ICT等を通じた支援を充実させる
- いじめられている子どもについてはいじめを避けるための欠席が弾力的に認められてよい。

　また、その後の文部科学省通知（「不登校児童生徒への支援のあり方について（通知）」2019年10月25日）でも、以下のような方針が示されています。

- 学校になじめない要因の解消に向けて努力する必要がある
- 教育支援センター、ICTを活用した学習支援、フリースクール、中学校夜間学級の活用

　このように、学校に行けないことを問題視する姿勢から、学校に来られない子どもにどのような支援が必要か、という姿勢に変化しようとしています。

学校の変わったところと変わらないところ

　不登校に対する国レベルの考え方が大きく変わったのは、2016〜2017年頃です。これを書いているのが2024年ですから、そこからだいぶ時間がたちました。では、この間、学校など不登校を取り巻く環境はどう変わったのでしょうか。残念なことに、一部をのぞいてあまり大きな変化は見られません。
　まず、大きく変わったところと言えば、コロナ禍で、かなり

の学校が全校生徒にタブレットを配布したことから、家にいながら授業に参加することが可能になりました。これは、学校という空間が苦痛だけれど授業には参加したい、という子どもにとっては大きな変化です。

　また、冒頭でも紹介しましたが、学びの多様化学校（不登校特例校）が、数はまだまだ少ないですが、確実に増えてきています。2023年時点で、全国で24校が設立されました（学びの多様化学校〈いわゆる不登校特例校〉の設置者一覧　文部科学省）。

　一方で、学校現場が変わっていないところも多々あります。たとえば、不登校の子どもに家庭訪問をするというのは、以前からあまり変わっていません。そもそも、先生がこまめに家庭訪問をすること自体、現在の学校の先生のいそがしさからすると無理があります。学校は、担任や教科をもたない先生はほとんどいなくて、ギリギリの人数で回しています。国が号令をかけても、学校の先生の人数に余裕ができないと、こまめな家庭訪問というのはむずかしいでしょう。

　もっとも、この点では、タブレットの配布などによって、かならずしも家庭訪問をしなくてもコミュニケーションが取れるようになりましたから、それが助けになる可能性はあるでしょう。

　教育支援センター（適応指導教室）については、まだ自治体の37％で設置自体がされていません（「教育支援センター〈適応指導教室〉に関する実態調査」結果　2019年5月13日　文部科学省）。設置された自治体でも、数が少なく、十分に不登校の子どもを受け入れるだけの定員をもっていないところもあります。また、国が強化しようとしている、教育支援センターによる訪問指導についても、行っているのは33.5％にとどまっ

ています（同上）。

　私は、国の方針転換を全面的に非難するつもりはありません。ただ、残念ながらその方針がすべて十分に現場に浸透している状況ではありません。予算と人手をかけないと、これは絵に描いた餅になってしまう可能性があります。

> **権利と法律メモ**
>
> 義務教育の段階における普通教育に相当する教育の機会の確保等に関する法律（教育機会確保法）（不登校の子どもに対する方針の転換）
> 「義務教育の段階における普通教育に相当する教育の機会の確保等に関する基本指針」文部科学省　（不登校の子ども支援のための具体的な指針）

公立中学校の2年生で、1年生の秋から学校に行けなくなりました。不登校のままで卒業できますか。

\ POINT /

小・中学校は不登校でも卒業できる

不登校でも卒業できるのか心配なのですね。

■ 公立学校の場合

前にも書きましたが、日本には「**義務教育**」という制度があります。小・中学校の9年間の課程を指します。この9年間、あるいは、中学校の3年間、不登校で学校に行けなかった場合、卒業はできるのでしょうか。

まず、前提として、「義務教育」とは、子どものみなさんが学校に通う義務をいうのではありません。子どものみなさんには「**学習権**」という、権利が保障されています（憲法26条1項）。

そして、保護者が子どもの学習権を保障するために、子どもを学校に行かせる義務があります。これが「義務教育」の「義務」です。保護者の義務というのは、家の手伝いをさせるためや保護者の考えで学校に行かせないというような場合に問題になるもので、さまざまな理由で学校に行きたくても行くことができない子どもを無理やり通学させる義務ではありません。通学できない子どもを無理に通学させることは、より深刻な人権侵害につながるからです。

登校することができない子どもを**無理に行かせることは人権**侵害だという考えがあるにもかかわらず、通学しないから卒業させない、というのはおかしいでしょう？

　さて、義務教育の卒業に関しては、法律に定めはありません。市区町村の小中学校の管理規則に、それぞれ規定があり、校長の裁量によって、現学年にとどめ置くこと（いわゆる、「留年」）ができることになっていますが、義務教育段階の公立学校で、この規定を用いて留年させるケースは現実的にありません。

　ですから、義務教育段階の公立学校で、出席日数が足りないから卒業できない、ということはありません。もし、学校の先生から出席日数が足りないから卒業させないと言われても、それを真に受ける必要はないのです。

■ 私立学校の場合

　では、私立学校の義務教育段階はどうでしょうか。私立学校については、留年（原級留置）がありますので、卒業できない場合があります。通常、そのような場合には、地元の公立学校に転校し、そこに籍を置くことになります。

　地元の学校には通いたくないという場合もあるでしょう。その場合は、地元の教育委員会と相談してみてください。地元の学校以外を選択できるように認めてもらえる場合もあります。

> **権利と法律メモ**
>
> **日本国憲法　26条１項（教育を受ける権利）**

IV

校則

Q1 中学生の女子です。私の学校では、セーターは紺色と指定されています。私は黄色いセーターを着たいのですが、先生に聞いたら「校則違反だからだめだ」と言われてしまいました。校則って、なんのためにあるのでしょう。

\ POINT /

子どもの人権の視点から校則を見てみると…

A1 校則については、何でこんなことまで規制されるの？　という、いわゆるブラック校則が社会問題になり、すこしずつ変わり始めています。ここでは、校則とはそもそもなんなのか、といったところから、校則と人権、校則の限界などについて見ていきましょう。

校則はいろいろなことを規制している

校則には、いろいろなものがあります。

授業の時間割や登下校の時間など、学校の基本的な事項を定めたもの

2休学、転学、編入、進級、懲戒処分の手続きなどについて定めたもの

3持ち物や髪型、服装など、学校での生活に制限を加えるもの

4下校後の出入り場所、アルバイト、バイクの乗車など、下校後の私生活に関するもの

このうち、1に関して争いになることはほとんどと言っていいほどありません。何時に学校が始まって何時で終わるかは、

決まっていないとみんな困りますからね。

　問題は、**3**や**4**です（それによって処分がされるときは**2**も関係してきます）。たとえば、髪型に関して、男子は襟にかからない長さにしなければならない、女子は肩にかかる長さをこえるときはポニーテールか三つ編みにしなければならない、などは、髪型は自由にしたい、という子どもの気もちと相反するときがあります。

　かつて、校則で男子は全員丸刈り、と決めていた学校に対して、裁判が起こされたこともありました（熊本地裁昭和60年11月13日判決、行集36巻11＝12号1875頁）。

　下校後にゲームセンターやカラオケに行くときは親同伴でなければならない、という校則がある学校もあります。下校後のことまでなんで学校に言われなくちゃいけないの、という気もちになる人もいるかもしれません。

校則はどこに書いてある？

　校則は、「校則」という名前で書かれているものだけではありません。生徒手帳に「**生徒心得**」として記載してあるものも、広い意味では校則です。小学校などでよくある、「廊下を走ってはいけません」などの、文章に書かれていないものも校則と呼ぶかはともかく、学校のルールです。これに加えて、「このクラスでは給食は残さないようにしましょう」などのクラスのルールもあります。

人権の視点から校則を見ると…

　そもそも、人は、他人に迷惑をかけないかぎり、自由に自分

が決めたように生きていく権利があります。どういう職業につきたいか、自分の人生の目的は何か、という大きなテーマだけでなく、今日はどんな服を着たいか、どんな髪型が好きか、というのも本来は自分が決めてよいことのはずです。

校則は「おせっかい」？

本来、髪型や学校にもってくる物、服装などは、自分で決めていいはずのものです。社会人を見てください。制服のある職業もありますが、基本的にはみんな自由な服装をしていますね。スーツを着なければいけない職場もありますが、それでも自分で選んだ、自分に合うスーツを着ています。職場の帰りにどこに行くかももちろん自由です。カラオケに行く人、コンサートに行く人、居酒屋に行く人、みんな、会社が終われば何をして過ごすかは自分で決めています。会社にスマホをもってくるのも自由ですし、お化粧は、特に女性については、していない人のほうが少数派です。

このように、おとなについては、基本的に「自分の考えに沿って生きる」権利が認められています。

でも、みなさん（特に高校生まで）は、たくさんの校則に従わなければなりません。これは、「子どもは未熟だから、おとなが守ってあげなければいけない」という考えに基づくものです。言いかえれば、良い意味もふくめての「おせっかい」です。

たとえば、未成年者がタバコを吸ったりお酒を飲んだりすることは法律で禁止されています（未成年者喫煙禁止法、未成年者飲酒禁止法。なお民法改正により、成人年齢が18歳に引き下げられたが、20歳未満の喫煙、飲酒は禁じられている）。

これは、未成年のうちからタバコを吸ったりお酒を飲んだりするのは体に悪いから、法律で禁止しているのです。おとなになれば自分で判断できますが、子どもはまだ自分でちゃんと判断できないとして法律で禁止しています。これが、おせっかいの例です。これは、おせっかいではありますが、「必要なおせっかい」です。

　一方で、「子どものためを思っておとなが子どもの権利を制限する」と、時々、**行き過ぎたおせっかい**になることがあります。「子どもにはふさわしくない」という理由で、おとなが一方的に子どもの権利を必要以上に侵害してしまうのです。

　最近問題になっている校則で、「下着の色は白」というものがあります（読売新聞オンライン2020年12月23日）。これはおそらく、中学生（高校生）らしい服装でなければならない、おしゃれ禁止、という理由から、下着の色まで規制したのでしょうが、下着は普段だれかに見せるものではありません。その色が白でなければ中学生（高校生）らしくないというのは、私に言わせれば完全に「よけいなおせっかい」です。

校則には制限の限界がある

　校則は、みなさんが「自分らしく生きる」ということに制限をかけるわけですから、何でもかんでも決めていいわけではありません。「**生徒指導提要**」には、以下のように記載されています。

> 「校則は、児童生徒が健全な学校生活を送り、よりよく成長・発達していくために設けられるものです。」（生徒指導提要３．６．１）

校則は、みなさんが健全に学校生活をすごし、よりよく成長発達していくための決まりなのです。

　また、同じ箇所に、このようにも書いてあります。

　「校則を決める場合は、少数派の意見もたいせつにし、子どもたちの個人の能力や自主性を伸ばすものとなるように配慮することも必要です」（同上）

　このように、校則には、①健全な学校生活を送るために必要であること、②みなさんがよりよく成長発達するために設けられるものであること、③子どもたちの個人の能力や自主性を伸ばすために配慮されたものであること、という条件があります。

　みなさんが、自分らしく生きることを校則で制限する以上、校則は一定の目的と制限の範囲内でならなければならないのです。校則がおかしいんじゃないか、と思ったときには、このような観点から検討してみてください。

質問のケースはどうなるか？

　質問のケースは、東京都の公立中学校で実際にあった校則です（西郷孝彦著『校則を無くした中学校　たったひとつの校長ルール』小学館　2019）。

　その中学校では、校則で「靴下の色は白」と決まっていました。新しく赴任してきた校長が、生活指導主任に、「なんで白なの」と聞いたところ、「白い靴下はよごれが目だって清潔だから」という答えが返ってきました。ですが、その学校には「セーターは紺色とする」という校則もありました。よごれが目だつと洗濯をするので清潔が保たれるという理由なら、セー

ターも白でないとおかしいということになります。

　その学校では、徐々に、黒やグレーのセーターも認められるようになりました。ある時、黄色のセーターを着てきた子がいました。生活指導主任はさっそく、「派手な色はだめだ」と注意しました。校長が「なんで派手な色はいけないの」と聞くと、「中学生らしくないから」との答えが返ってきました。

　校長は、何が中学生らしいかは決められないのではないかと考えます。地味であることが中学生らしいのか、ということにも疑問があります。結局、その学校では、セーターの色は自由となったそうです。

　このケースでは、まず、中学生らしい服装、という根拠でセーターの色を紺のみと決めたことに問題があります。何が中学生らしい服装なのか、ということを客観的に決めることはできません。生徒一人ひとりが、自分で選んだ好きな色の服を着ることのほうがより中学生らしいとも言えます。中学生らしさとは、人それぞれ考え方が違うものです。それを一つの色で表現することに、そもそも無理があるのです。

　また、「中学生らしくない」服装をすることで何らかの問題が生じるのでしょうか。このように、本来は自由であるはずの自分の服装を制限されるとき、みなさんは、それはどんな根拠に基づいて、どんな必要性があるのか、はたまた、行き過ぎた制限ではないのか、と考えてみてください。

Q2　うちの中学校には、男女交際をしてはならないという校則があります。実はいま、同級生と交際しているのですが、校則を守らなかったら処分を受けるのでしょうか。

\ POINT /

校則違反で処分・罰を受けることはある

A2　校則を守らなかったときに、学校の処分を受けるときがあります。この質問は実際にあったケースで、裁判まで発展しました。

校則違反での罰則は法律で認められている

　校則違反だけで罰則が科されることがあります。学校には「懲戒処分」というものを科すことが法律で認められています（学校教育法11条）。

　一番重いのが退学処分です（公立の小・中学校は退学処分はできない）。高校、私立学校では可能です。退学や停学といった、法的効果を伴うもののほか、訓告（注意すること）や、叱責（しかること）、居残り、反省文を書かせる、などの種類があります。

　自主退学勧告というのも、形式的には処分ではなく勧告（退学をお勧めします、ということ）ですが、これに従わない場合は退学処分にされることが多いので、その場合は退学処分と同様の強制力があることになります。

　こういった処分に納得がいかない場合は、まずは学校に抗議することになりますが、退学処分など重い処分の場合は、裁判

で争われることにもなりえます。

校則違反で自主退学となり、裁判で争った例

2021年2月に、東京の私立高校で、男女交際禁止の校則に違反したとして、自主退学勧告を受け、退学した生徒がいます。前述したように、自主退学勧告というのは、これを拒否したらかなりの確率で退学処分になるものです。校則違反で退学処分になることもあり得ます。

自主退学した女子生徒は、これを不服として裁判を起こしました。東京地裁は、悪質な校則違反とは言えず、自主退学までさせることはなかったとして、学校側に損害賠償の支払いを認めました。ただ、校則自体は「生徒を学業に専念させるためのもので社会通念に照らして合理的」とし、校則の違法性は認めませんでした（産経新聞電子版2022年12月21日）。

高校生がおつきあいすることが校則で禁止されること自体驚きですし、それを裁判所が校則自体は違法ではないと判断することも驚きです。

```
┌─ 権利と法律メモ ──────────────
  日本国憲法　13条（幸福追求権）
  学校教育法　11条（懲戒）
└─────────────────────────
```

Q3 ブラック校則とはどんなものですか。また、どんな問題があるのでしょうか。

髪型や服装を制限するのは正しいのか？

IV

校則

A3 ブラック校則とは、必要性がない、あるいは必要性が低いにもかかわらず、それによって生徒を理不尽に制約するものを言います。これにはどんな問題があるのでしょうか。また、どうすれば変えられるのでしょうか。
まず、ブラック校則の問題点を確認してみましょう。

髪型や服装を制限する

日本の学校は「黒髪ストレート」にこだわる傾向がありますが、全員が生まれつきそうなのではありません。茶髪の子もいれば、縮毛の子もいます。髪の色や性質は、子どもたちが生まれながらにもっている個性であり、その人の本質の一部です。しかし、茶髪はおしゃれだ、不良の入り口だといい、縮毛についても、パーマとまちがわれる、おしゃれだ、不良の入り口だ、という学校があるのです。茶髪を禁止し、生まれつき茶髪の子や縮毛の子に地毛証明書を出させている学校もあります。

そもそも、髪の色を染めたり、パーマをかけたり、といったことは、制限しなければならないことでしょうか。おとなでパーマをかけて、それが理由で会社をクビになった、という話は聞

いたことがありません。髪型（かみがた）は、自己（じこ）を表現することのたいせつな要素であり、自分らしく生きる幸福追求権（けん）の一要素とも考えられるからです。にもかかわらず、中学生、高校生は、こういった自由が制限されています。おしゃれはいけない、不良になるからだ、という理由は正当なものなのでしょうか。

　服装（ふくそう）に関しても、何をどう着こなすかは、本来は自分で決めていいことのはずです。おとなは、もちろんTPOはわきまえてですが、基本的に自分で服装を決めることができます。なかには制服があると便利だと感じる人もいるでしょうし、卒業式などの式典の時はみんなでそろった服装（ふくそう）をするのがいいという意見もあるでしょう。でも、全員が毎日、同じ服装（ふくそう）をしなければならない根拠（こんきょ）はどこにあるのでしょう？
　また、**靴下（くつした）の色やスカートの丈（たけ）を細かく決める校則はなぜ必要なのでしょうか**。必要性・合理性はあるのでしょうか。

教師の判断で決められる？

　指導が教師個人の考えで決められてしまうことも問題です。校則に書かれていることを守っているのに、そこに書いていないルールを教師個人がもち出して、指導し、反省文を書かせることがありますが、これは、たとえて言えば、刑法（けいほう）に決まりがないのに、法律違反（ほうりついはん）だとして刑事罰（けいじばつ）を科すようなものです。かってな指導が許されてしまうと、子どもは、何をどこまで守ればよいのかがわからなくなり、おびえながら学校生活を送らなければなりません。

　また、**セクハラ（セクシュアル・ハラスメント）**にあたるよ

うな指導がなされている学校があるようです。下着の色が校則
に違反していないかを確かめるために、おおぜいの前で先生が
生徒のスカートをめくりあげるのは、立派な犯罪です。会社で、
同僚に下着の色を聞いたらそれは明らかなセクハラです。こう
いった違法性のある指導がなされている環境に置かれている子
どもたちがいるのです。

　理不尽な校則は、変えていかなければなりません。しかし、
こわい先生がいたり、内申に響くかもしれない、と考えると、
なかなか勇気が出ないかもしれません。どうすれば変えていけ
るのか、次の質問で答えていきます。

権利と法律メモ

日本国憲法　13条（幸福追求権）

私の通う高校では、放課後に寄り道をすることや、保護者の同伴なしにカラオケやゲームセンターに行くことが禁止されています。学校から直接塾に行くときに、ちょっとコンビニに寄ることも校則違反になります。この校則を変えたいのですが、どうすればいいでしょうか。

\ POINT /

校則は変えられる可能性がある

　あなたは、こういった校則に納得がいっていないのですね。それでも決まりだからがまんしなければならないのでしょうか。そんなことはありません。実際に校則を変えた例も出てきています。

自分らしく生きることと意見表明権

　これまですでに何度もくり返してきましたが、みなさんは本来、自分の決めたように、自分で決めた目標に向かって、自分で判断して生きる、という権利が保障されています。このように生きることは、幸福追求権として、憲法で定められた基本的人権の一つとして認められるべきものです。

　権利というものは、みんなでこころがけましょう、という、交通標語のような「道徳」ではありません。この権利を使って裁判を起こすこともできる、憲法の裏付けのあるもので、強くあなたを支えてくれるものなのです。

　自分らしく生きるためには、それをじゃまするものは取り除

かなければなりません。そのために、みなさんには、意見を述べる権利が与えられています。第1章で見た、「意見表明権」です。もう一度引用してみましょう。

> ＊子どもの権利条約12条　意見を表明し参加できること（意見表明権）／子どもは、自分に関係することに自由に意見を述べることができます。おとなたちは、その意見を子どもの発達に応じて十分に考慮しなければなりません。

あなたが、校則がおかしい、変えたい、と思ったとき、それはあなたの幸福追求権の行使であり、その意見を述べることは、子どもの権利条約で認められた意見表明権の行使です。表明された意見を、おとなたちは十分に考慮しなければなりません。

校則を見直そうという流れができた！

現在、校則を見直そうという大きな流れが出てきています。2022年12月に生徒指導提要が改訂されました。改訂後の生徒指導提要には以下のように書いてあります。

> ● 目的を適切に説明できないような校則については、あらためて学校の教育目的から見て適切なものか、現状にあう内容に変更する必要がないか、本当に必要なものか、絶えず見直しを行うことが求められます。
> ● 校則によって不必要に行動が制限されるなど、マイナスの影響を受けている子どもがいないか、いる場合にはどのような点に配慮が必要か、検討し、見直しを図ることもたいせつです。
> ● 校則のあり方については、子どもや保護者などの意見を聴いた上で決めていくことが望ましいと考えられます。

- 校則の見直しは、児童会・生徒会や保護者会といった場で、校則について確認したり議論したりする機会を設けるなど、いつも積極的に見直しを行っていくことが求められます。
- 校則の見直しには、校則を決めたり、見直したりする場合にどのような手続きを踏むことになるのか、についても示しておくことが望まれます。

　校則は、みなさんの力で変えることができるべきもの、と、書かれているのです。では、具体的にどんな方法があるのか、見ていきましょう。

■ 生徒の声を集める

　校則を変えるというのは、学校全体の問題になりますから、一人の声だけで変えるのはなかなかむずかしいことです。まずは生徒の意見を集めることが必要です。

　広島市の私立安田女子中学・高等学校は、生徒たちの力で校則を変えることに成功しました（「生徒みんなで校則変えた　広島・安田女子中高の挑戦」中国新聞デジタル　2021年4月18日）。これは、生徒指導提要改訂の前の話です。

　この学校には、スマートフォンの持参禁止、放課後は寄り道してはいけない、カラオケやゲームセンターなどへ行くときは保護者同伴、といった校則がありました。

　まず、中心となる有志グループが、どの校則を見直すか、全校生徒にアンケートを取って決めました。ろうかに紙を貼り、生徒が自由に書きこめるようにもして、みんなの意見を集め、それを集約することに成功しました。

よく、生徒会が校則見直しを学校に掛け合うことがありますが、単に生徒会の意見として伝えるよりも、全校生徒の意見を集約した結果をもって学校と交渉するほうが、説得力が大きくちがってきます。

■ 信頼できる先生に相談する

　学校の校則は、校長に決定権がありますが、実際に校長だけで決定している学校ばかりではありません。生活指導主任が実質的な決定権をもっていたり、職員会議で決定したりする学校もあります。ですから、まずは、学校でどのようにして校則が決まっていくのかを把握する必要があります。

　また、生徒側の意見をきちんと学校に伝えてくれる先生も必要になってきます。だれがキーパーソンで、どのように話をもっていけばうまくいくのか、相談できる先生を味方につけることができれば、話の進め方を検討する有力な材料になります。

■ 申し入れは書面で行い、継続的な話し合いの場をもつ

　学校への申し入れは、単に「校則を変えてください」とか「スマホを学校にもってくるのを許可してください」と口頭で言うだけでは不十分です。まず、書面にしましょう。

　書面に書くことは以下の内容です。

①どの校則をどう変えたいか
②意見表明権の一環として申し入れを行っていること

③多くの生徒が同じように求めていること

④校則には、必要性と合理性が求められること

⑤この校則に必要性と合理性がないこと

⑥この申し入れをきちんと検討し、回答をいただきたいこと

　これらを、きちんと書くとよいでしょう。

　よく、学校の先生が、「これは校則だから変えられない」「へりくつを言うな」などと、あまりまじめに生徒の話を聞かずに門前払いのような返事をすることがあります。そういうことをゆるさないためには、準備はたいへんでも、きちんと主張を書面化し、それに対する回答を求めることが必要です。

■ おとなの力を借りる

　校則についての話し合いがうまく軌道に乗らないときは、おとなの力を借りることも考えましょう。一番身近なのは、保護者やPTAです。もっとも、PTAがかならず味方をしてくれるとはかぎりませんので、そこはまず話をして、助けてもらえそうであればお願いするのがよいでしょう。

　また、地域の自治体に「子どもの権利救済」を目的とした機関があれば、そこに話を聴いてもらうとよいでしょう（巻末資料１）。こういう機関は、子どもの話をていねいに聴き、それを踏まえて、学校との話し合いの橋渡しを手伝ってくれるかもしれません。

　弁護士会も、各地で子どものための相談窓口を設置しています（巻末資料２）。ここに電話をしたり、面談をして、主張の内容や書面の書き方などのアドバイスをもらうこともできるの

ではないかと思います。

■ 自分たちで決めたことを守る

　学校は、もし校則をなくしたら何か問題が生じるのではないかと心配をするかもしれません。校則をなくすこと、変えることに抵抗感があるのです。ですから、校則を変えることができた場合、それによって問題が生じないよう、自分たちの生活をコントロールする必要があります。そうしないと、ほらみたことか、とばかりに、校則を元にもどそうという動きが出てきます。ここは、注意が必要です。

　実際に、小学校の、体操服の下に下着を付けてはいけない、という校則は、世論の批判を浴びて、教育委員会主導で見直されました。東京の世田谷区では、不合理な校則を見直すこととなり、たとえば髪型について、今後は男女の区別なく「清潔で活動しやすい髪型を基本とする」などに改められました。
　このような流れに乗って、今後、すべての学校で、校則についてみなさんの意見が反映される日が来ることを、大いに期待しています。

┌─ 権利と法律メモ ─

日本国憲法　13条（幸福追求権）
子どもの権利条約　12条（意見表明権）
こども基本法　3条（基本理念）
生徒指導提要　3.6.1（校則）

V

体罰と
不適切な指導

Q1 　学校における体罰とは、どんなものを指すのでしょうか。

なにが体罰にあたるのか。体罰をめぐっては、裁判になることも多い

A1

どのようなものが体罰なのかは、国連子どもの権利委員会（略称「UNCRC」といいます）が詳細に定めています。ここは、国際連合の中の機関で、子どもの権利を規定した「子どもの権利条約」が各国で守られているかの審査もしています。わかりやすく言うと、「みはり役」です。

UNCRCによれば、体罰とは、「どんなに軽いものであっても、なぐる、ける、耳元で大きな音を鳴らす、など、人の体を傷つけるおそれのあることが行われたり、何らかの苦痛またはいやな気もちを引き起こそうとして行われる罰」と定義しています。直接に相手の体に触れなくても体罰に当たることがあるのです。

たとえば、けること、ゆさぶったり放り投げたりすること、引っかくこと、つねること、かむこと、髪を引っぱったり耳を打ったりすること、つらい姿勢のままでいさせること、やけどさせること、クスリなどでだるい感じをおこさせること、むりやり口に物を入れることなどは体罰になります（一般的意見８号パラ11　筆者意訳）。

では、**日本の法律**はどうなっているでしょう。日本では長い間、体罰は禁止とされています（学校教育法11条但書）。しかし、後で書きますが、体罰はまだなくなっていません。

　日本では、学校における体罰について、何が体罰かをはっきり決めたものはありません。文部科学省が例としてあげているものを見てみましょう。

　文部科学省が体罰ととらえているのは、以下のような行為で（文部科学省「体罰の禁止及び児童生徒理解に基づく指導の徹底について（通知）」2013年3月13日）、どれも学校でのことです。

○**からだに対するもの**
- 体育の授業中、危険な行為をした子どもの背中を足で踏みつける。
- 帰りの会で足をぶらぶらさせて座り、前の席の子どもに足を当てた子どもを、突き飛ばしてころばせる。
- 授業中の態度を注意したが、反抗的な態度をした子どもがいたため、その子どものほほを平手打ちする。
- 立ち歩きの多い子どもを叱ったが、言うことを聞かず、席につかないため、ほほをつねって席につかせる。
- 子どもの腕をひっぱったところ、腕を振り払ったため、その子どもの頭を平手でたたく。
- 給食の時間、ふざけていた子どもに、口で注意したが聞かなかったため、持っていたボールペンを投げつけ、当てる。
- 部活動で、ユニフォームの片づけがちゃんとできていなかったので、ほほをなぐる。

○**痛みや苦しみなどを与えるようなもの**
- 放課後に子どもを教室に残らせ、トイレに行きたいと言っても、教室の外に出ることを許さない。
- 子どもに注意をするため、給食の時間を含めて長く部屋の中にいさせ、いっさい室外に出ることを許さない。
- 宿題を忘れた子どもに、教室のうしろで正座で授業を受ける

よう言い、つらいと言ったのに、そのままの姿勢で正座を続けさせた。

　一方で、文部科学省は、体罰には当たらない例として、以下の事例をあげています（文部科学省「体罰の禁止及び児童生徒理解に基づく指導の徹底について（通知）」2013年３月13日）。

　ただし、これらは、体の痛みや苦しみを伴わないものに限るとされています。

○体罰に当たらない例（文科省）

- 放課後などに教室に残させる。
- 授業中、教室で立たせる。
- （罰として）宿題や掃除をやらせる。
- 学校当番を多く割り当てる。
- 立ち歩きの多い子どもをしかって席につかせる。
- 練習に遅刻した子どもを試合に出さずに見学させる。

　また、文部科学省によれば、以下の行為は問題のないこととされています。

○問題のない行為（文科省）

- 子どもが先生に反抗して先生の足をけったので、子どもの後ろに回り、体をきつく押さえる。
- 休み時間に廊下で、友だちを押さえつけて殴る子どもがいたため、その子の両肩をつかんでひきはなす。
- 全校集会中に、大声を出して集会をじゃました子どもを冷静にさせ、別の場所に移るように言ったが、なおも大声を出し続けて抵抗したため、子どもの腕を手で引っぱって移動させる。

- 友だちをからかっていた子どもを注意しようとしたところ、その子が先生に暴言を吐き、つばを吐いて逃げ出そうとしたため、落ち着くまでの数分間、肩を両手でつかんで壁へ押しつけ、動かないようにさせる。
- 試合中に相手チームの選手とトラブルになり、殴りかかろうとする子どもを、押さえつけて止める。

このように、文部科学省の基準では、力をつかった場合でも体罰にはならないものがあります。

裁判ではどう扱われるか

体罰に関しては、多くの裁判の例があり、最高裁判所の判例もありますが、いずれも力を使うことを全て禁止とはせず、一定の場合には力の行使も認められるとしています。最高裁判例（最判平成21年4月28日民集63巻4号904頁）を一つあげましょう。

【 事 例 】

小学2年生の男子Aが、先生Bに対して背中に覆いかぶさるようにして肩をもんだため、BはAに離れるように言ったがやめなかったので、Aを右手でふりほどいた。そこに通りかかった別の子どもに対し、Aがじゃれるようにけり始めたため、Bはこれをやめさせ、Aに注意した。

その後、Bが職員室に向かおうとしたところ、AはBのおしりを二回けって逃げ出したため、BはAを捕まえて、洋服をつかんで壁に押し当て、大声で「もう、すんなよ」と叱った。

Aはその日の夜、自宅において泣き叫び、食欲も低下して、なかなか学校に行けなくなった（後に回復）。

裁判所の考え（要旨）は以下でした。

「Bの行為は、悪ふざけをしないように指導するために行われたもので、悪ふざけの罰としてからだに痛みを与えるために行われたものではない。（中略）この行為は、その目的、やりかた、かかった時間などから判断して、先生が子どもに対して行うことが許される教育的指導の範囲をはずれていないので、体罰にあたらない。」

体罰は成長する権利（成長発達権）を深く傷つける

体罰がある学校は、みなさんが安心して成長する権利（成長発達権）を深く傷つけ、安心・安全とは言えません。体罰は決して認めてはいけません。体罰がゆるされる社会というのは、とても息苦しい社会です。罰を与えるのではない方法で納得させることが、いま、強く求められています。

普通の社会では、友だちや知り合いを殴ったりすれば暴行罪ですし、ケガをさせれば傷害罪になり、場合によっては警察に逮捕されます。学校の中だけ許されるというのはおかしな話です（あなたが体罰にあったり、ともだちがあったりした場合のことは107頁へ）。

権利と法律メモ

国連子どもの権利委員会一般的意見　第8号（体罰の禁止）

学校教育法　11条但書（体罰の禁止）

子どもの権利条約　6条（成長発達権）

こども基本法　3条基本理念（成長発達権）

Q2 体罰は昔からあるのでしょうか。いまは昔より減ってきたのでしょうか。それとも、増えているのでしょうか。

\ POINT /

体罰は減ってきているが、許されるべきものではない

私が小学生の頃（昭和50年代）には、体罰は当たり前のようにありました。先生それぞれに「とくいわざ」があり、わざに名前がついていることもありました。私の担任の先生は「両ビンタ」というとくいわざを持っていて、宿題を忘れたり、授業中にさわいだりすると、右と左のほほを同時に平手でなぐられました。他にも、おしりを出させて大きな定規でたたく、棒でなぐる、足でけるなどの暴力をしている先生を見かけました。このように、昭和の時代は、体罰は当たり前のように行われていることだったのです。

転機になった事件があった

しかし、この状況の**転機になった事件**がありました。

2012年12月、私立高校のバスケットボール部のキャプテンを務めていた男子生徒が、顧問の教師の継続的な体罰を苦にしてみずから命を絶ちました。この学校は市内でもバスケットボールが強いことで知られていて、顧問の先生はとても評判が高かったのです。ですが、その教え方は、体罰をして部員をぴりっとさせる、というものでした。

V

体罰と不適切な指導

この事件は大きな問題となり、バスケットボール部は無期限活動停止、その学校の体育科とスポーツ健康科学科の入試が中止になるなど、大きな波紋を呼びます。顧問は懲戒免職処分となり、先生をクビになりましたし、刑事裁判でも有罪判決を受けることとなりました。

　この事件を受けて、2013年1月、文部科学省が体罰について全国の学校を対象とした調査を行います。これが、文部科学省が行った、体罰に関する初めての全国調査です。その結果、2012年度に6,721件の体罰が行われていたことが判明しました（文部科学省「体罰の実態把握について〈第二次報告〉」2013年8月9日）。

　統計上は、このときが体罰のピークだと思われます。体罰の件数は、その後減少し、2020年度の調査では485件と、10分の1以下まで減りました（文部科学省「体罰の実態把握について〈令和2年度〉」2021年12月21日）。
　このように、体罰をゆるす空気はいまではだいぶ変わったと言ってもよいのではないかと思います。

忘れてはならないこと

　体罰は減る傾向にありますが、ここで私たちが決して忘れてはいけないことが二つあります。
　一つ目は、体罰が減ったのは、過去のひどい体罰による子どもたちの心や体の痛み、場合によっては尊い命とすら引き替えに獲得されたものだということです。私たちは、体罰を許容する社会をぜったいに許してはなりません。

二つ目は、2020年度の485件という数字は、ピーク時から比べると大幅（おおはば）に減少してはいますが、いまだに体罰（たいばつ）はなくなっていないということです。2020年には、中学校にあったアイスキャンディーを無断で食べたことを理由に、柔道部（じゅうどうぶ）の顧問（こもん）をしている先生が、部員二人に柔道技（じゅうどうわざ）をかけ、失神しても起こして何度も続け、ケガを負わせるという事件が起きています（教師は懲戒免職（ちょうかいめんしょく）になった。2020年11月24日朝日新聞デジタル版）。

　私たちは、こういう事件が起きる余地がある社会にいることを決して忘（わす）れず、体罰（たいばつ）ゼロに向けてそれぞれの立場で声を上げていかなければなりません。

　子どもであるあなたも、自身に安全な方法を選んで、声を上げることができます。

Q3 体罰はなぜ許されないのでしょうか。

体罰は子どもの人格の尊重・尊厳の重視と反対の立場にあって、暴力であり、犯罪である

A3

A1で述べたとおり、学校教育法11条但書で、体罰は全面的に禁止されています。この、体罰禁止の規定は明治時代からずっとあるのですが、いっこうに体罰はなくなりません。なぜなのでしょう。

みなさんは、まだ心も体もこれから発達していきます。いろいろなことを学び、身につけておとなに育っていきます。ですから、あたりまえのことですが、社会的、肉体的な力も十分備わってはいません。へたをすると、おとなが自分の都合のよいように子どもを扱うかもしれません。そのようなことを防ぐために、子どもの権利で守られています。

安心、安全に成長していく（成長発達権）ために、子どもの持っている権利を、おとなが尊重して子どもを支えていかなければ、子どもの権利は「書いてあるだけのもの」になってしまいます。安心、安全に成長していくためには、長い時間を過ごす学校も、安心、安全な場所でなければなりません。

子どもの権利条約は、子どもに対する暴力を禁止しています。

子どもの権利条約37条は、いかなる子どもも品位を傷つける取り扱いを受けないと規定しており、28条2項は、**学校のルールが、子どもの「人間としての尊厳」を大切にする**ことを求めています。このように、学校における体罰を考えるとき、**子どもの人格の尊重、尊厳の重視**という視点から考えなければなりません。

　体罰は、子どもの人格の尊重、尊厳の重視とまったく反対の場所にあるものです。サーカスの猛獣使いは、ライオンに芸を仕込むためにムチを使います。怖がらせ、痛みを感じさせ、いうことを聞くように訓練していくのです。

　体罰も同じです。子どもにいうことを聞かせるために、暴力をふるうのです。本来なら、いうことを聞かない子どもとは、その子が納得するまで話しあうべきです。

　体罰は、自分の考えは脇に置いて、ただいうことを聞きさえすればいいと考える子どもを育ててしまいます。それは、教育ではありません。子どもの権利を大切にしようという考え方もありません。あるのは、手っ取り早くいうことを聞かせたいという、指導力のないおとなの都合だけです。

　では、**体罰の弊害**はなんでしょうか（碓井真史「体罰の5つの副作用：体罰の定義「体罰の心理学」反対するなら根拠を持とう」Yahooニュース2013年3月2日）。

　体罰には、話して理解させるというプロセスがありません。子どもが理解していなくても、暴力でいうことを聞かせます。子どもは暴力が怖くていうことを聞きますが、なぜそうしなければならないかは学ぶことができません。

　そこには、自分で考えて動くという、自主性や積極性はうま

れません。ですから、別の場面ではまた同じことをくり返しますし、先生にばれなければやってもいい、という発想も生まれます。また、暴力でいうことを聞かせられた子どもは、暴力を使って相手に自分の意見に従わせることを学びがちです。

そもそも、**体罰は暴力であり、犯罪**なのです。

2022年7月に、野球観戦していたおとなの男女がケンカになり、男性が女性のカバンをけったところ、かけつけた警察官に暴行罪で逮捕されました（2022年7月18日神戸新聞NEXT）。

カバンをけるというのは、もし学校内であれば軽いこととして扱われるかもしれません。しかし、一歩学校の外に出れば立派な犯罪なのです。学校も社会の一つです。子どもの皆さんにとっては、学校は一番長い時間を過ごす場所です。そこだけ暴力が認められる、なんていうのはおかしいのです。

━ 権利と法律メモ ━

学校教育法　11条但書（体罰の禁止）

子どもの権利条約　37条（品位を傷つける行為の禁止）、28条2項（学校のルール）、6条（成長発達権）

こども基本法　3条（基本理念）

Q4
先生に、「おまえ、こんなこともわからないなんて、一年生からやりなおすか」と言われました。とても傷つきました。でも、体罰ではないから問題にはならないでしょうか。

体罰でなくても、不適切な指導にあたる場合がある

V

体罰と不適切な指導

A4
体罰には当たらないけれど、大声でしかる、心が傷つくようなことを言う場面は、学校現場で残念ながらよく見られます。これは、「残虐で品位を傷つける罰」と言われるもので、「不適切な指導」と呼ばれることもあります。

UNCRC（94頁）の一般的意見第8号では、例として、「子どもをけなし、はずかしめ、ばかにしたり、身代わりに仕立て上げ、おどし、こわがらせ、または笑いものにするような罰」があげられており（UNCRC一般的意見第8号パラ11筆者意訳）、「子どもに対する暴力的および屈辱的な罰をなくすことが、この条約を結んだ国のすぐにしなければならない、無条件の義務である」（同パラ22）と強く指摘しています。

このように、UNCRCは、残虐かつ品位を傷つける罰を強く否定し、これをすぐにやめることを求めています。

学校教育法では、体罰は法律で禁止されていますが、不適切な指導はこの法律では禁止されていません。たとえば「こんな

こともできないなら犬猫以下だ」「１年生からやり直してこい」「そんなことなら部活をやめてもらう」「死ね」「消えろ」などの発言は、子どもの心を深く傷つけるものです。そういう暴言がきっかけとなって、学校に行けなくなるケースもあり、最悪の場合は命を落とすことになりかねません。

　もっとも暴言などは、教育委員会によって禁止されています。東京都では、「児童・生徒等に恐怖感、侮辱感、人権侵害等の精神的苦痛や負担を与える言動（ののしる、おどかす、いかくする、人格（身体・能力・性格・風ぼう等）を否定する、馬鹿にする、集中的に批判する、犯人扱いする等）は、暴言等に当たることをあらためて認識し、こうした行為は行わないこと」となっていて（東京都教育委員会　令和３年４月〈改訂〉「使命を全うする！　～教職員の服務に関するガイドライン～　子供たちのために自分のために家族のために」）、これに反した場合、懲戒処分の対象となることもあります。

　学校の門をくぐったとたんにみなさんの人権が失われるわけではありません。学校でも、いえ、学校でこそ、皆さんの権利は守られるべきです。そのことを、皆さん自身がまず忘れないでください。

> **権利と法律メモ**
> 国連子どもの権利委員会一般的意見　第８号（品位を傷つける行為の禁止）

Q5 体罰や不適切な指導を受けた場合、どうすればよいのでしょうか。

\ POINT /

かならずだれかに相談して、あなたの気もち・意見を伝える

A5 体罰や不適切な指導を受けた場合、だまってガマンする必要はありません。いくつか方法があります。順番に見ていきましょう。

相談する、抗議する

体罰を受けたときは、決して一人で抱えこまないでください。だれかに相談する、抗議するなどのアクションをとることが、あなたを救うことにつながります。まずは保護者に相談した上で、学校に対応してもらうのがよいでしょう。

保護者に相談するときに、気をつけてほしいことがあります。**保護者とあなたの意見が食いちがうとき**です。たとえば、あなたは先生に謝ってもらいたいと思っているのに、保護者が懲戒処分や裁判を求めることがあります。あなた自身は、そこまでしなくてもと思っていても、保護者があなたの意見を聞かずに先に動いてしまうことがあります。

そうならないように、**あなたの意見をはっきり伝える**必要があります。これは、体罰や不適切な指導にかぎりません。いじ

めなど、あなたが当事者であるはずのことの対処法(たいしょほう)を、保護者が決めてしまうのは、あなたの意見表明権(けん)（子どもの権利(けんり)条約12条）から見ても、不適切です。

● 相談先は？

学校での相談先は、**管理職**（校長、副校長、教頭）がよいでしょう。体罰(たいばつ)をした本人である先生に抗議(こうぎ)しても、言い逃(のが)れをしたり、そんなことはなかったと言ったりして、ちゃんと対応してくれないことがあるかもしれないからです。

自分がどれだけつらい思いをしたか。そういうことをした教師にどのようにしてほしいのか、思いをきちんと伝えることが大切です。決して、ひとりで抱(かか)えこまず、かならず相談できる人をもつか、いなかったらさがしてみることが大切です。

管理職に相談したときにも、**きちんと向き合ってくれない場合**があります。たとえば、「それくらいのことで文句を言われても」、「あの先生は熱意のあるいい先生ですよ」、「先生の言い分は、あなたが言っていることとちがいます」などです。こうなると、管理職と話しても話がうまく進みません。この場合は、公立学校なら、学校を監督(かんとく)する**教育委員会**に相談することも考えたほうがよいでしょう。

● 指導、懲戒処分(ちょうかいしょぶん)を求める

教育委員会は学校を監督(かんとく)する立場にありますから、学校の教師の体罰(たいばつ)や不適切指導についても、耳を傾(かたむ)けるべき立場にあります。もっとも、かならずしもあなたの味方になってくれるとはかぎりませんので、アザの写真や診断書(しんだんしょ)など、証拠(しょうこ)になるものをそろえておくとよいでしょう。

教育委員会には、教師を懲戒処分にする権限があります。体罰や不適切な指導は、教員の懲戒処分の対象になります。懲戒処分には重い方から、**免職**（先生をクビにする）、**停職**（一定の期間、先生の仕事をできなくする）、**減給**（先生の給料を減らす）、**戒告**（注意する）という種類があります。懲戒処分を望む場合は、そのように教育委員会に申し入れることも選択肢の一つです。

● 刑事手続で処分を求める

　体罰の場合や、不適切な指導でも暴力がともなう場合は、警察に行き、被害届を出すという方法があります。これにより、警察の捜査が進み、起訴（刑事裁判を起こされると決まること）された場合は、刑事裁判に進みます（「略式起訴」になることもあります。この場合は公開の法廷での裁判ではなく、罰金刑となります）。

　公立学校の教師は地方公務員ですが、地方公務員法によると、死刑、懲役刑、禁錮刑の有罪判決を受けると、判決確定の時に,失職することになります。執行猶予付きであっても同様です（地方公務員法28条4項、16条1号）。また、国立学校の教師は国家公務員ですが、国家公務員法にも同様の規定があります（国家公務員法76条、38条1号）。

　仮に懲戒処分にならなくても、国立、公立の教師の場合は、刑事手続で失職することがありますので、この手続きを使うことも考えられます。もっとも、刑事裁判であなたが証人として尋問される可能性もあるので、いろいろな負担もかかります。被害届の出し方やその後の手続きについては、弁護士にも相談するとよいでしょう。

● 民事訴訟で損害賠償を求める

　損害賠償を求めたい場合は、民事訴訟を選択するのが一般的です。特に、被害を受けた子どもが亡くなったり、重度の後遺症を負ったりした場合には裁判となるケースが多くあります。これについても、弁護士に相談するとよいでしょう。

当事者のあなたの意見を伝える

　体罰、不適切指導における当事者はあなた自身です。どの手続きを選ぶかについては、保護者の人があなたの頭越しに何でも決めてしまうことのないよう、あなた自身がどうしたいかを、はっきり意見として伝えることが大切です。あなたが一番いいと思うことを実現するために（子どもの最善の利益）、あなたが意見を述べることも、子どもの権利条約で認められた権利の一つです（意見表明権）。

権利と法律メモ

　地方公務員法　28条4項、16条1号（失職　公立の場合）
　国家公務員法　76条、38条1号（失職　国立の場合）
　子どもの権利条約　3条（子どもの最善の利益）
　12条（意見表明権）

VI

性の多様性と
人権

Q1 性の多様性とはどんなことですか。

性は多様で個人の尊厳の根幹

A1 　私が子どもの頃（1970年代頃）には、男性と女性という概念が中心でした。「男性は男性らしく、女性は女性らしく」とよく言われたものです。ランドセルの色も、男の子は黒、女の子は赤と決まっていました。男の子が赤いランドセルを背負うことなど、とてもできるような雰囲気はありませんでした。女性っぽい仕草をしたり、女装する男性がいると、「ホモだ」「オカマだ」などと言われ、「変な人たち」として扱われることも少なくありませんでした。

○以前の当たり前

● 男性の体に生まれたら、男性の気もちをもっていて、女性を好きになる。
● 女性の体に生まれたら、女性の気もちをもっていて、男性を好きになる。

　これが当たり前だと思われており、この枠からはみ出すと、それは「おかしいこと」と、とらえられていました。男らしさ、女らしさが強調される時代でもあり、「男のくせに」「女のたしなみ」「女心と秋の空」など、男はこう、女はこうと決めつける言葉もたくさん世の中にあふれていました。

性は多様であるという理解が広まってきた

ですが、実際の「性」というものは、簡単に二つに分けられるようなものではないことがわかってきて、少しずつですが社会に受け入れられるようになってきました。それは、大きく分けて、「性自認」と「性的指向」に分けられます。

「性自認」とは、自分がどの性別だと思っているか、ということです。肉体的に男性であっても、女性のこころをもっている人、またはその逆の人がいます。自分がどちらかの性なのかわからない、決めたくない、という人もいます。

「性的指向」とは、恋愛対象のことです。男性で男性を好きになる、女性で女性を好きになる、あるいは、好きになる人の性別にはこだわらないという人もいます。

「性表現」という言葉があります。どのような性別として自分がふるまうか、という意味です。「ぼく」、「おれ」、「わたし」といったなかでどの一人称を使うのか、スカートをはくのかズボンをはくのか、といった表現のしかたは、まさに人それぞれです。

このような性の多様性に対して、少しずつ社会が理解できるようになってきました。

「男性の体に生まれたら、男性らしい服装、言葉づかいをして、男性の気もちをもっていて、女性を好きになる」「女性の体に生まれたら、女性らしい服装、言葉づかいをして、女性の気もちをもっていて、男性を好きになる」というのは、あくまでそういう人の割合が大きいにすぎないのであって、すべての人がその枠に当てはまるわけではないということに、世の中が気づきはじめたのです。

○多様な性への認識の変化

- 男性の体であっても、こころは男性とはかぎらない。女性を好きになる人もいれば、男性を好きになる人、どちらも好きになる人がいる。
- 女性の体であっても、こころは女性とはかぎらない。男性を好きになる人もいれば、女性を好きになる人、どちらも好きになる人がいる。

こういうことがわかってきて、いままで「男か女」の二つだけだと考えられてきた「性」というものが、もっと多様性のあるものだということがわかり、その人たちのことをたいせつにしようという機運が芽生え、だんだん広がってきたのです。このように、性は本来実に多様なもので、虹の七色にたとえられます。

性は個人の尊厳の根っことなる

自分がどのような性に当てはまるかというのは、人が生きていく上でその人の根っことなるものです。その意味では、最大限に尊重されなければなりません。

子どものみなさんの中にも、自分の性が多数派とはちがうと感じている人もいることでしょう。その人たちも、他の人たちと同じく、最善の利益を保証され、成長、発達の権利が守られなければなりません。

また、子どもの権利条約では、肌の色や人種などと並んで、「性」による差別も禁止されています（第2条）。これは、条約の理念に照らせば、男女の差別の禁止という意味だけでなく、**性的少数者**（**性的マイノリティ**ともいいます）に対する差別も

禁止すべきと広く解するべきでしょう。性的少数者の権利は、子どもの権利条約でも守られているものなのです。

LGBTQ+とは？

LGBTQ+とは、性的少数者をそれぞれ表すアルファベットの頭文字です。

Lとはレズビアン（Lesbian）の頭文字で、女性で、性的指向（恋愛対象）が女性の人のことを指します。

Gとはゲイ（Gay）の頭文字です。男性で、恋愛対象が男性の人のことです。

Bとはバイセクシャル（Bisexual）の頭文字です。男性女性両方が恋愛対象の人のことです。

Tとはトランスジェンダー（Transgender）の頭文字です。性自認が、生まれたときの体と異なる人のことです。

４つの頭文字をとって、性的少数者のことを**LGBT**と呼ぶことがあります。ですが、性の多様性は上記の４つのアルファベットですべて表しきれるものではありません。自分の性について決めたくない、決められないという人もいて、**クエスチョニング**（Questioning）とよばれます。

この他にも、からだ、自分の性に対する考え、恋愛対象等のさまざまな組み合わせによって、多様な性のあり方が存在します。また、Sexual Orientation（性的指向）とGender Identity（性自認）の英語の頭文字をとって「**SOGI**」（ソジ、ソギ）という表現が使われることもあります（生徒指導提要改訂版１２.４.１）。

性的マイノリティの人はどのくらいいるのか

　では、そのような性的少数者に当てはまる人はどれくらいいるのでしょうか。電通グループが2023年に行った、「LGBTQ＋調査2023」によると、該当する人は9.7%でした（https://www.group.dentsu.com/jp/news/release/001046.html）。

　でも、周りを見渡してもそこまでの人数はいないと思う人が多いのではないでしょうか。その理由として、まだ自分の性についてわかっていない、あるいは、隠している人がいる、ということが考えられます。性的マイノリティであることは、なかなか公表するのはむずかしいのです。

┌─── **権利と法律メモ** ───
│　　**子どもの権利条約　2条（差別の禁止）**
└

性的少数者と社会の変化

　日本では、平安時代から江戸時代までの長い間、同性愛は忌避されず、日常生活に組み込まれていたと言われます（三成美保編著『同性愛をめぐる歴史と法　尊厳としてのセクシュアリティ』2015　明石書店　8頁）。それ以降に同性愛に対する厳しい差別の時代が訪れ、「ホモ」「おかま」「おねえ」などという呼び方で呼ばれるようになりました。

　海外では、宗教的に同性愛を禁止していると解釈している国もあり、いくつかの国では未だ同性愛を死刑とする国もあるほどです。「Any Day Now」（邦題「チョコレートドーナツ」）というアメリカ映画がありますが、1980年代のアメリカで暮らす同性愛の男性カップルを描いた映画です。この映画でも同性愛カップルに対する差別が強く描かれました。

「保毛尾田保毛男」事件に見る世論の変化

　1980年代から90年代にかけては、日本でもまだ差別が強く残っていました。テレビの人気バラエティ番組の中に、「保毛尾田保毛男」というキャラクターがいて、ホモではないか問いただされると、「あくまでも噂」と答えるのが定番のやりとりでした。このキャラクターが当時は大人気で、多くの人が違和感をもたずに笑っていたのです。

　ところが、2017年に30周年記念番組で「懐かしのキャラクター」として「保毛尾田保毛男」を放送したところ、テレビ局に抗議が殺到し、社長が謝罪する事態に発展しました（東洋経済オンライン2017年10月４日）。この30年の間に、日本の社会で、性的マイノリティの人の尊厳に対する意識が大きく変わったことを象徴する事件でした。

VI

性の多様性と人権

この間、アメリカ合衆国では、2015年に連邦最高裁が、同性婚を禁じる州法を「違憲」と判断しました。また、フランスでも2013年に同性婚法が成立しています。世界は少しずつ変わってきたのです。

「同性パートナーシップ宣誓制度」ができる

　日本では、2015年に「性同一性障害者の性別の取扱いの特例に関する法律」という法律ができ、肉体の性と性自認が異なる人が、一定の要件のもと、家庭裁判所の手続で性別の取扱いの変更をすることができるようになりました（その後、2023年10月15日に、肉体的手術の要件は違憲だとの判決が最高裁判所で出た）。

　もっとも、同性婚を認める法律はまだできていません。代わりに、同性のパートナーであることに証明書を与え、さまざまな権利を認めていくという「同性パートナーシップ宣誓制度」が2023年6月28日時点で328の自治体で施行されています（渋谷区・虹色ダイバーシティ　全国パートナーシップ制度共同調査　https://nijibridge.jp/data/2238/）。ただし、これはあくまでも同性婚ができるという効力はなく、事実婚にとどまります。

　NHKが2021年3月に行った世論調査（NHK ジェンダーに関する世論調査　単純集計結果）では、同性婚に賛成、どちらかと言えば賛成があわせて57％にのぼり、反対、どちらかと言えば反対をあわせた37％を大きく上回りました 。反対する人の理由は、子どもが生まれず少子化が進む、結婚は男女ですべき、伝統的な家族のあり方が崩れる、というものがほとんどを占めました。

差別的な発言をする政治家や評論家がいる

　このようにLGBTQ+の人に対する理解が進むにつれ、それに対して、反発する人も出てきます。2015年に配信されたネット番組

で、国会議員が「生産性がない同性愛の人たちに、みなさんの税金を使って支援をするのが果たしていいのか」という趣旨のコメントをしたことが話題となりました（https://www.nhk.or.jp/politics/articles/statement/7257.html）。この議員は、その3年後に、雑誌『新潮45』で、LGBTQ+の人に対して「彼ら彼女らは子供を作らない、つまり『生産性』がないのです」とも書きました。その後、同誌はこの議員の寄稿を支持する特集を組みました。この特集には7人が寄稿、その中である文芸評論家の論考は、同性愛を「全くの性的嗜好ではないか」としたうえで、LGBTの権利を擁護するなら「痴漢」が「触る権利を社会は保障すべきでないのか」などと主張を展開するなどしました。この特集が大きな社会的非難を浴び、同誌は事実上の廃刊へと追い込まれることになりました（日本経済新聞電子版　2018年9月25日）。

　この他にも、2021年に政治家が性的少数者をめぐって「生物学的に自然に備わっている『種の保存』にあらがってやっている感じだ」と述べるなど（朝日新聞デジタル2021年5月21日）、LGBTQ+の人たちを少子化などとからめて批判する声はまだ残っています。

国民の理解の増進に関する法律が成立する

　このような反対の意見と性的少数者の人への理解の深まりを経て、2023年、「**性的指向及びジェンダーアイデンティティの多様性に関する国民の理解の増進に関する法律**」が成立しました。この法律は、基本理念として「**性の多様性に関する国民の理解の増進のための施策は、すべての国民が、その性的指向またはジェンダーアイデンティティにかかわらず、等しく基本的人権をもつ者としてかけがえのない個人としてたいせつにされること、不当な差別はあってはならない**」などと定めています。

Q2

私は中学生です。体は男なのですが、女子とおしゃべりするほうが楽しいし、男子との話には全く興味がありません。男子トイレに行くときはとてもいやな気もちですし、水泳の授業で男子の水泳パンツをはくのは死ぬほど恥ずかしいです。どうすればいいでしょうか。

\ POINT /

学校に配慮を求めることができる

A2

相談者の方は、女子と話すほうが楽しい、男子トイレに行きたくない、水泳の時に男子の水泳パンツをはくのが恥ずかしい、と言っていますので、体は男子ですが、自分の認識（性自認）は女子なのかもしれません。

学校はこれまで、性に関する相談を受けたときに、その人にあった対応をしてきました。下の表は、学校がどのような支援を行ったかの事例です。参考にしてください。

項目	学校における支援の事例
服装	自認する性別の制服・衣服や、体操着の着用を認める
髪型	標準より長い髪型を一定の範囲で認める（戸籍上男性）
更衣室	保健室・多目的トイレ等の利用を認める
トイレ	職員トイレ・多目的トイレの利用を認める
呼称の工夫	校内文書（通知表を含む）を児童生徒が希望する呼称で記す 自認する性別として名簿上扱う

項目	学校における支援の事例
授業	体育又は保健体育において別メニューを設定する
水泳	上半身が隠れる水着の着用を認める（戸籍上男性） 補習として別日に実施、又はレポート提出で代替する
運動部の活動	自認する性別に係る活動への参加を認める
修学旅行	一人部屋の使用を認める、入浴時間をずらす

性同一性障害にかかる児童生徒に対するきめ細やかな対応の実施等について（2015年4月30日文部科学省児童生徒課長通知）より抜粋

信頼できる先生に打ち明ける

　自分の性がどうであるかは、人格の中心、根っこになるとてもたいせつなことです。恥ずかしがる必要はありません。

　ただ、理解が不十分な先生に相談すると、不適切な対応をされるかもしれません。もちろん、このような対応は、差別を禁止した子どもの権利条約やこども基本法に反することですから、ゆるされるものではありません。そのような対応があったら、文句を言っていいのです。それが、あなたがしあわせに学校で過ごすためにとてもたいせつなことだからです。

　でも、不愉快な思いをするのはもちろん避けたいでしょうから、「この人なら信頼できる」と思える先生がだれかを考えて、その人に相談してください。もっとも、学校はその先生個人ではなく、チームで動くことになるはずですから、何人かの先生があなたの相談を知ることになります。心配なときは、どの先生が知ることになるのかも、相談の時に確認するとよいでしょう。

どのような配慮をしてほしいか、はっきり伝える

　性に関することは、人それぞれちがいます。自分の性がこころとからだでちがう人でも、髪型を短くしたら落ち着く、というようなことから、トイレや入浴などのことまで、人によっていろいろです。ですから、自分がどのようにしてほしいのかをはっきり伝える必要があります。服装、髪型、トイレなど、可能性のあるポイントはたくさんあります。あなた自身はなにを求めたいのかをはっきり伝えるとよいのではないでしょうか。

> **権利と法律メモ**
>
> **日本国憲法**　14条　（差別の禁止）
> **子どもの権利条約**　2条　（差別の禁止）
> **こども基本法**　3条基本理念（差別の禁止）

「男はこうあるべき、 女はこうあるべき？」

少し前、女の人に対して「クリスマスケーキ」という言葉がありました。25歳になる前に結婚しないと価値が落ちる、という意味です。いまでも若いうちに結婚して、専業主婦になるのがしあわせだ、と思っている人はいます。

一方で、男の人は、結婚すると「一家の大黒柱」と言われました。男の人が働いて、そのお金で家庭を支えるのが役割だということです。結婚式のスピーチでは、「早くお子さんを持ってください」というのもよくありました。

結婚するかしないか、いつ結婚するか、子どもを持つか持たないか、どれも他人が決めることではありません。自分のしあわせのために、自分で決めていいことです。それなのに、まわりの人がいろんな圧力をかけてきます。これは、とてもきゅうくつで、生きにくい社会です。

箱根駅伝の監督が、走っている選手に向かってスピーカーで「男だろうが！」とはげましたことが話題になりました。「男なら、歯を食いしばって根性を出してみせろ」ということなのでしょう。でも、根性をもっているのは男の人だけなのでしょうか。

この他にも、男の人ならこうあるべき、女の人ならこうあるべき、という世の中の思い（社会的通念）はたくさんあります。これは、ある種の差別といってよいでしょう。

日本国憲法14条1項は、性別によって差別してはならないと定めていますが、古くから残る考え方からくる性差別はまだまだなくなっていないのも事実です。古い考え方はどんどん変えていかなければなりません。

VII

ともだち

Q1 　中学2年生です。私は運動がにがてで、体育の時間がとても苦痛です。部活動も運動を避けて、パソコン部に入りました。運動がにがてなことがコンプレックスになってしまっているのか、ともだちと話していても運動の得意なともだちには引け目を感じてしまいます。どうすればよいでしょうか。

\ POINT /

しあわせの物差しは一人ひとりちがう

A1 　それはつらいですね。体育の時間はおもしろくないでしょう。ですが、引け目に感じる必要はまったくありません。

　人間は、一人ひとり、みんなちがいます。運動が得意な人がいれば、にがてな人もいます。勉強が得意な人がいれば、にがてな人もいます。工作が得意な人、絵をかくのが好きな人、ゲームが得意な人、人前で話すのが得意な人、などなど、能力だけでもいろいろ違います。

　環境も人それぞれです。お金もちの家に住んでいる人、中くらいの人、貧しい人、お父さんお母さんが毎日家にいる人もいれば、お父さんやお母さんがいそがしくて、あまり早い時間に家に帰って来ない人もいます。お父さんやお母さんとははなれて暮らしている人もいます。

　趣味もそれぞれです。運動するのが好きな人もいれば、読書や音楽を聴くなど静かに過ごすのが好きな人もいます。

　たいせつなことは、これらのことが「人のしあわせをはかる

物差しにはならない」ということです。

　しあわせの物差しは、一人ひとりちがいます。勝手に相手のことを見て、あの人はふしあわせだ、などということはできません。それは、単なる差別です。

　人は、自分が他人より劣っているところを受け入れるのがむずかしいようです。

　にがてなことにコンプレックスをもつということは、あなた自身を、ひとつの価値観にしばりつけてしまうことになります。自分がにがてであることからすこし目を離して、あなたらしいしあわせを探す人生の旅に出てみてはどうでしょう。

Q2 中学1年生です。中学校に入って、3カ月が過ぎました。来月からは夏休みが始まります。でも、まだともだちができません。毎日がたいくつです。学校もおもしろくありません。どうすればともだちができますか。

\ POINT /

ともだちはつくらなければならないものではない

A2 ともだちがいないと、学校での休み時間など、たいくつだというのはよくわかります。ともだちとおしゃべりしている時間は、たしかに楽しいものですね。

でも、ともだちがいないのは、あなたに魅力がないからではありません。相談者の方も、小学生時代にはともだちがいたかもしれません。いま、たまたま、自分のまわりにともだちがいないからと言って、それであなたの価値が低くなるわけではありません。ともだちは自然にできるものですから、あわてる必要はありません。

「一年生になったら、ともだち100人できるかな」（作詞：まどみちお　作曲：山本直純）という歌があります。

私はこの歌が好きではありません。ともだちをたくさんつくらないといけないような気にさせられてしまうからです。ともだちはムリしてつくらなければならないものではありません。自然に気が合う人と出会って、ともだちになるものです。

また、ともだちがたくさんいる人がえらくて、少ない人がダ

メということもありません。**ともだちの数は人の価値を左右するものではないの**です。

　小学校は6年間、中学、高校はそれぞれ3年しかありません。また、多くの学校では、毎年、または2年に一回クラス替えがあります。長い人生の、ほんのわずかな時間、学校という特殊な環境の中だけでともだちがいなくても、それはそんなに大変なことではありません。

　なにをするにも、それにふさわしい「時」があります。**人との出会いはまさに「時」がたいせつ**です。その時になれば、自然とともだちができます。あなたは、あせることなく、肩の力を抜いて、その「時」を待てばよいのです。

VII

と
も
だ
ち

Q3　小学4年生です。クラスに、あまり好きになれないともだちがいます。先生は、どんな人でもいいところがあるから仲良くするように、というのですが、どうしても仲良くなろうと思えません。仲良くしなければならないでしょうか。

にがてな人とは距離を置いてつきあう

A3　あなたの気もちはよくわかります。同じ学年の人が何人いるかわかりませんが、その全部と仲良くなるというのは、ムリな話でしょう。いろいろな人がいるなかで、仲良くなれる人、仲良くしようと思ってもできない人がいるのは、自然なことです。一方で、いまは仲良くできなくても、いつか仲良くなるときがくるかもしれません。

　にがてだな、と思う人とは、「距離を置く」という接し方があります。「絶交」ではありませんよ。あくまでも、「距離を置く」のです。ただ、「距離を置く」ときに気をつけなければいけないのは、相手を無視したり仲間はずれにしないことです。それはいじめにつながります。相手を傷つけないようにしなければいけません。

　たとえば、「おはよう」「さようなら」「ありがとう」などのあいさつはきちんとしましょう。また、話しかけられたら返事をしましょう。親しくしなくても、普段の会話はしましょう。そうしているうちに、いつか、仲良くなれるかもしれません。

　いまはむずかしくても、人間関係をこわすようなことはしないように気をつけてください。

中学2年生です。ともだちから、「明日ちょっと大事なことで相談したい」とLINEがきました。ともだちの相談に乗るのははじめてです。どんなことに気をつければよいでしょうか。

相談を受けるときには大切なポイントがある

はじめての相談。緊張(きんちょう)しますね。どんなことを言ってあげればいいんだろう、どうすれば元気になってくれるだろう、と考えると思います。でも、むずかしいことを言う必要はありません。たいせつなことをまとめてみました。

VII

と
も
だ
ち

その1　ひみつはぜったいに守る

ともだちは、あなたのことを信頼(しんらい)して、ほかの人には言えないことを相談しようとしてくれています。これを、あなたがだれかに話してしまったら、ともだちは深く傷(きず)つくでしょうし、二度とあなたに相談しようとは思わなくなるでしょう。ですから、ひみつはぜったいに守る、ということは、とてもたいせつなことです。

また、ひみつを守るためにも、二人きりになれる場所で話を聞くとよいでしょう。

その2　相手の話をよく聴(き)いて受けとめる

せっかく相談してくれたのに、あなたが話をちゃんと聴(き)かな

かったら、ともだちはとてもがっかりするでしょう。話を聴くときは、スマホを見ながらとか、ほかのことをしながらではなく、きちんと聴きましょう。

　相手の話をよく聴き、そして受け止めることがたいせつです。つらいという思いであれば、「そうだね」「つらいよね」と相づちをうち、うれしいという思いであれば、「それはうれしいよね」と言葉をつないでみてください。相手の人は、受け止めてもらえた安心感をもつでしょう。

　話してみて、きちんと聴いてもらえて、そして受け止められるという体験は、相談する人に大きな元気をあたえることになります。あなた自身の意見ばかり話していては、ともだちも相談しにくいでしょう。自分が反論したくなっても、すこしガマンして、相手の話を受け入れることをたいせつにしてください。

その3　深刻な問題は、
　　　　おとなに相談するようにと言う

　悩みごとの中には、本当に深刻なものが含まれているときがあります。

> **1** 家でお父さんやお母さんに暴力をふるわれている、ご飯を食べさせてもらえない、など、児童虐待にあたるような話
> **2** おとなに性的な暴力をふるわれた、ふるわれているという話
> **3** お金をたくさん取られているという話

　1 は、児童虐待にあたり、場合によっては命にかかわること

もあります。こういう場合は、児童相談所に相談しなければなりませんが、いきなり児童相談所に相談するのはむずかしい場合もあります。そういうときは、信頼できるおとなに相談するのがよいです。ただ、あなたが勝手におとなに相談してしまうと、ともだちは傷つくかもしれません。ともだちに、おとなに相談するように、もし行きにくかったらいっしょに相談に行こう、と言うのがよいでしょう。

2は、家庭内の**性暴力**であれば**児童虐待**になりますし、他のおとなだったら犯罪のおそれがあります。性の暴力はとても傷つくもので、また、人に相談しにくいものです。このときも、まわりの信頼できるおとなに相談するようにうながすとよいでしょう。

3は、**恐喝**などにあたり、**犯罪**の可能性があります。でも、こわくてまわりの人には言えないのかもしれません。このまま放っておいたら、もっとお金を取られることがあります。そうなる前に、信頼できるおとなに相談するようにうながすとよいと思います。

― 権利と法律メモ ―

児童虐待防止法　2条1項（虐待の定義）

教職員等による児童生徒性暴力等に関する法律 （教員によるわいせつ行為）

刑法　176条（不同意わいせつ罪）、177条（不同意性交等罪）、249条（恐喝罪）

【巻末資料１】
子ども条例に基づく子どもの相談・救済機関（公的第三者機関）一覧：救済機関設置順（2024年5月現在）

https://npocrc.org/comitia/wp-content/
uploads/2024/05/sodankyusai2405.pdf

＊作成　子どもの権利条約総合研究所

https://npocrc.org/

【巻末資料２】
弁護士会の子どもの人権相談窓口一覧（2024年7月現在）

https://www.nichibenren.or.jp/library/pdf/legal_
advice/search/kodomo_madoguchi.pdf

＊作成　日本弁護士連合会

https://www.nichibenren.or.jp/

あなたの人生への
ささやかなエール

　この本を読んでくださって、ありがとうございます。

　もしかすると、この本を手に取ってくれたあなたは、なにかつらいこと、くるしいことを、かかえているのかもしれません。

　この本は、そんなあなたに伴走し、あなたをすこしでも支えることができれば、と思いながら書きました。

　生きていくと、いろんなステージがあります。

新しい扉の向こうには、また、ちがった景色が広がっています。

　いま、つらい、くるしいと思っていても、それがずっとつづくものではないのです。

　新しいステージで、また新しい自分を見つけることができるかもしれません。

　学校というせまい社会にいると、「いま」がずっと続くように感じるかもしれません。

　いまのともだち、いまの先生、いまの毎日。そのどれもが、実は人生のわずかな時間しか続かないことをときどき

忘れてしまいそうになります。つらいことがあるとよけいにそうです。一日一日が苦しければ苦しいほど、先を考えることがむずかしくなります。

　でも、忘れないでください。
　あなたの人生は、学校だけで終わりではないことを。
思ってもみなかったかがやかしい未来があなたを待っているかもしれないことを。
　そして、あなたはひとりではないことを。

　あなたの人生はあなただけのものです。
　あなたが、その人生をせいいっぱいしあわせに生きてほしいというのが私の願いです。
　そして、しあわせに生きていることを誇らしく思ってください。

　最後になりましたが、さまざまな助言をいただいた子どもの未来社の堀切リエ様、すてきなイラストを描いてくださった鈴木逸美様、そして、この本を書く力を私にあたえてくれたすべての子どものみなさんと、むかし子どもだったおとなのみなさんに、深く感謝を申し上げます。

著者：平尾　潔（ひらお　きよし）

早稲田大学法学部卒。サラリーマンとして働く傍ら、司法試験を目指すようになり、2000年弁護士登録（第二東京弁護士会）。以後、一貫して子どもの権利に関する分野に携わる。「弁護士による、いじめ予防授業」を単身で始め、ライフワークとなっている。2007年〜2009年東京都子どもの権利擁護事業専門相談員。2012年〜2013年日本弁護士連合会の推薦により、イギリス・エセックス大学人権センターに客員研究員として留学。2018年より世田谷区子どもの人権擁護機関子どもサポート委員。2021年から2024年練馬区スクールロイヤー。現在、日本弁護士連合会子どもの権利委員会幹事、第二東京弁護士会子どもの権利に関する委員会委員、世田谷区子どもの人権擁護機関子どもサポート委員、子どもいじめ防止学会会員。少年野球チームサクラ野球クラブ代表。著書に『いじめでだれかが死ぬ前に』(2009年岩崎書店)、共著に『こども基本法　こどもガイドブック』(2024年子どもの未来社)

装画・本文絵：鈴木逸美（すずき　いつみ）

東京都在住。一般書籍、児童書、雑誌などのイラストを幅広く描く。イラストを担当した本に『あなたの知らない細菌の話』『同 カビの話』(粕谷亮美、大月書店)、『Dr.ナダレンジャーの防災実験教室』(納口恭明、子どもの未来社) など。

装丁・本文デザイン：稲垣結子（ヒロ工房）
編集：堀切リエ

あなたが学校でしあわせに生きるために
子どもの権利と法律手帳

2024年11月8日第1刷印刷
2024年11月8日第1刷発行

著	平尾 潔
発行者	奥川 隆
発行所	子どもの未来社
	〒 101-0052
	東京都千代田区神田小川町3-28-7-602
	TEL 03-3830-0027　FAX 03-3830-0028
	E-mail：co-mirai@f8.dion.ne.jp
	http://comirai.shop12.makeshop.jp/
振 替	00150-1-553485
印所・製本	株式会社 精興社

©2024　Hirao Kiyoshi　Printed in Japan
ISBN978-4-86412-431-7
C 8037　NDC370　144頁　19.8㎝ ×12.9㎝

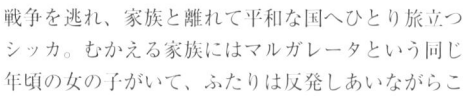